你打算
什么时候
开始？

即刻开始，做高段位的行动者

[美] 李·科克雷尔 著
（Lee Cockerell）

王青 译

民主与建设出版社

·北京·

谨以此书献给我祖母乔埃拉·波莫罗伊

她在我五岁生日的时候给了我第一块手表，

在以后的岁月里，每当我需要她的时候，她总有时间陪伴。

时间对懂得欣赏和利用它的人来说是无限的。

——约翰·沃尔夫冈·冯·歌德

（德国著名思想家、小说家、剧作家、诗人）

空谈没有意义，认真做事，从今天开始！

——李·科克雷尔

前　言

　　有些人精心规划人生道路，坚定不移地执行计划，最终实现了自己的梦想；还有一些人用心对待每一天，心怀希冀，遵从直觉，笃定前行，充分开发了自身的潜能。李·科克雷尔就属于这些人中的一员。他是一位举世闻名的演讲家、畅销书作家，同时还是沃尔特·迪士尼乐园度假村的前执行副总裁，他在这个职位上工作了10年，直至退休。李·科克雷尔分别在巴黎和奥兰多的迪士尼公司共工作了16年；在这之前，他还有在希尔顿酒店工作 8 年，万豪国际酒店工作 17 年的经历。

他的著作《创造魔法》和《客户法则》，曾激励了全世界无数的人们去探索如何创造属于自己的魔力，如何为客户提供一流的服务。

李·科克雷尔属于典型的白手起家，对于他来说，成功来之不易，甚至有运气的成分。他出生于俄克拉荷马的一个农场，家人生活贫困潦倒，甚至连室内供水系统都没有。在他八岁的时候就开始了人生第一份工作——挤牛奶，然后再卖给邻居。因为奶牛天天产奶，所以他没有休息日，需要每天不停地工作。

现在看来，这份工作对他影响深远，因为教会了他如何承担责任，并为他具备自律的可贵品质打下了坚实基础；而自律已成了他生活的一部分。

《你打算什么时候开始？》教会我们一种时间管理体系、一种思维方式，这有利于我们提高自身能力，享受劳动成果，平衡品质生活。

李·科克雷尔在读大学两年后退学，于 1964 年参军。

为什么很多人在大学辍学后随波逐流，失意潦倒，而李·科克雷尔却成功了呢？答案就在于他做事有条理，高度自律，并怀有"我行"的积极心态。

李·科克雷尔对所有人的建议是：不要低估自己的能力。太多的人遇到挫折就会一蹶不振，选择放弃，其实挫折往往意味着人生的拐点。试想一下，成功可能就在下个路口，为何要轻言放弃呢？再说，生活不会因为放弃而变得更美好。

　　李·科克雷尔的忠告是："态度决定生活，如果人生是一本书，那执笔人就是我们自己。每个人都是自己的魔法师。现在的工作就是最好的工作，付出自己的全部，努力做到最好，在学习的道路上永不止步。只有做到这些，当机遇到来的时候，我们才能把它抓紧。"要把握机遇，做事有条理是关键。

　　李·科克雷尔虽然已经从迪士尼公司退休了，但他积极改变世界的初衷未曾改变。他在世界各地举办研讨会，发表主旨演讲，与大家分享如何成为一个更好的经理、更好的领袖，更好地提供一流的服务。

　　请细细品味《你打算什么时候开始？》这本书……它会改变你的生活！

序　言

不是迪士尼的魔法让你的生活有意义；让生活变神奇的是你的工作方式！

在我担任沃尔特·迪士尼乐园度假村运营副总裁期间，我见证了我们团队如何为客人营造美妙的个人体验，提供很棒的主题公园游园设施及独一无二的游乐区，这一切都让迪士尼乐园成了世界上最欢乐的地方。然而，即使最有天赋的迪士尼演员也不曾找到一种方法来延长时间，哪怕一秒钟。因此，我们总觉得时间不够用，希望手头会有更多的时间，哪怕多一秒、多一分、多一天……似乎每个人都多多少少有些时间管理的障碍。

在我迪士尼的职业生涯中，我领导着四万名演员（员工）。成为一名时间管理专家对于我来说，首先是一种生存必需，然后再帮助更多的人最大限度地高效利用时间。

如今，我在世界各地传授我在美军服役期间和在希尔顿酒店、万豪国际酒店、法国及奥兰多的迪士尼公司42年的职业生涯中所领悟的领导法则。总有人问我如何实现对时间的有效管理，他们想知道我是怎样在领导四万多人的情况下，还能够把一切事务安排得井井有条。鉴于此，我每天清晨都抽出时间写下我所学到的关于时间管理的一切经验和方法。我的目标是帮助别人尽早学会这些技巧，这样他们就不会犯我在掌握时间管理之前所犯过的错误了。

然而，这本书不仅仅关于时间管理，它更是关于生命管理的。"管理"可被定义为控制行为，这本书正是要帮助你控制好生活中的方方面面。

如果在学习了书中的技巧之后，你还想要了解更多关于生命管理的内容，那么我强烈推荐你报名一个在线课程。详情请登录我的个人网页 www.LeeCockerell.com，了解更多关于这门课的授课信息。

同时我还推荐 www.Thrive15.com，该网站提供时长为 15 分钟的教育和培训视频，寓教于乐，内容丰富，涵盖个人或组织成功所需的几乎所有主题。加入该网站的另一大好处就是：每位付费会员会自动免费成为退伍老兵协会会员。这个项目叫作一对一。2011年，作为我们军队的坚定拥护者，我去了伊拉克，为我们的士兵和美国国务院驻巴格达大使馆工作人员举办了 13 场研讨会。所以，能与这个项目合作是我的荣幸。

我的个人网站 www.LeeCockerell.com，"每周领袖思维"版块每周一早上会更新，过往所有的内容也能找到。同时还有一个名为"领袖课程"的博客，内有 500 多个关于如何成为更好的领导者和管理者的帖子以及很多如何大幅度提升客服质量的小贴士。

在我的个人网站上，还有名为"领导力与培训"

的 APP，苹果手机与安卓系统用户均可下载。加上我之前出版的《创造魔法》《客户法则》以及这本《你打算什么时候开始？》，所有这些资源都将教会你如何管事物，识人心，成为出色的领导者，提供优质的客户服务。下面这句话是我一直以来都分享给我的听众和家人的，请铭记于心：

想要变好，什么时候开始都不晚。

归根结底，我们每个人都可以在日常生活中更好地进行时间和生活管理。

做任何事情都是先易后难，在这方面，这个体系与其他体系并无二致；但是，一旦完全掌握，困难会迎刃而解，生活也会变得柳暗花明。

最后，在读完这本书后，我大胆地做两个预测：

第一，你很自信，在让生活变得更有效和更高效方面，你有很多办法和选择；

第二，你会乐于用简单易行的体系来规划和实现自己的目标。

目 录
CONTENTS

CHAPTER 1

第一章

你缺的不是时间，是规划与自律

CHAPTER 2

第二章

如何更加系统地安排自己的生活

CHAPTER 3

第三章

如何用计时器来规划每天的生活

你缺的不是时间，是规划与自律

不要说你没有时间。和海伦·凯勒、巴斯德、米开朗琪罗、特雷莎修女、李奥纳多·达·芬奇、托马斯·杰弗逊和阿尔伯特·爱因斯坦一样，你一天也有 24 个小时。

——杰克逊·布朗

（美国畅销书作家）

你能够做到的非常重要的事情就是：坐下来，好好想想该如何利用自己的时间；哪些事情值得花时间做，哪些事情不值得。不仅在工作上，在生活的各个方面亦应如此。哪些事情值得去做，如何去做，这种选择与我们的生活质量息息相关。

我们这个时代，与之前任何时期相比，几乎所有人都能感受到空前的压力，要做的工作太多，时间却不够用。除了繁重的工作外，大多数人还要承担生活上的多重责任，这让他们备受煎熬，感觉对事物失去了掌控力，再没有比这种感受更糟糕的了。**事实上，击溃我们的不是压力，而是失控感所制造的痛苦。**

但是，我所学到的至关重要的一点是：**大多数人并不是工作过度……他们只是做事没条理。**

我们需要弄清楚如何做到有条理，才能及时处理好那些迫在眉睫或至关重要的事情。我相信，如果有一个行之有效的生活管控体系，普通人也可以做完所有必须完成的工作，而且可以在原来的基础上把工作效率提升一倍。

人们不去做应该做的事情最常用的借口就是："**我没时间。**"我将详细告诉你为什么这个理由很烂。没时间真的只是一个借口，因为我们每个人每天所拥有的时间是完全一样的。认真想想，这句话其实是有深刻内涵的。奥普拉、比尔·盖茨、马克·扎克伯格和J.K.罗琳以及历史上每位家喻户晓的成功人士：托马斯·爱迪生、苏珊·B.安东尼、马丁·路德·金、埃斯特·兰德——所有的人和我们一样，一天24小时，不多不少。

勤奋的人完成了所有的工作，不那么勤奋的人做不了很多事情，仅此而已。

问题是，人们相信"我没时间"这个借口，他们真的相信事情就是这样。事实并非如此，事情不是自己发生；相反，是我们让事情发生。还是那句话，**每个人拥有的时间是一样的**。根据我个人经验，对于自己喜欢做的事人们通常都有时间，但就是抽不出空来做他们应该做的事情。

正如我经常告诉领导者的，**"无论你或你的员工喜欢与否，你的职责是你要决定该做什么，什么时候做，该怎么做"**。领导力与头衔、工作性质、薪资标准无关。另外，领导力和管理之间有很大的区别：管理是关于如何做事情；**领导力是关于如何去实现目标，如何影响和激励别人**。领导力不仅限于职场，无论在商界、家庭、邻里、社区还是教会，从某种意义上说，我们都是领导者，都需要具备组织协调能力，让自己成为更值得信赖的人。

家长应该特别关注这一点，担负起为人父母的职责。孩子们可能未必喜欢我们的决定，但作为家长，你必须在恰当的时间，以恰当的方式，做你应该做的事。比如：关掉电视，拿走电子产品，不让他们打电子游戏，让他们做户外运动和多读书。哪怕孩子们不喜欢，你也必须这样做，因为健康的体魄和对阅读的挚爱是你能给予孩子们最宝贵的礼物之一。

父母要学会拒绝。事实上，正是出于对孩子的爱和为他们着想，家长应该在必要的时候对孩子说"不"。最近，旧金山试图实施一项针对麦当劳的法令，禁止他们在购买儿童餐时送玩具。我认为这是很可笑的。问题不在于玩具或食物的营养含量，问题在于父母本身。这么多人超重不是麦当劳的错，而是他们个人的错，根源于自律的缺失。在生活的各个方面，有了自律，则百事可做。

　　想想那些几个世纪以来对世界产生过巨大影响的领袖。他们大多都不是总经理、执行副总裁或总裁，也不是首席执行官、首席财务官、首席信息主管、首席运营官、首席营销官、首席生产执行官或任何其他能想到的头衔。他们全心投入自己的事业，坚忍不拔、充满激情、认真专注、百折不挠；他们有"我行"的执念，并从不轻言放弃。

　　"高效"是指做事有执行力；"有效"是按照正确的次序做正确的事情，即根据事情的轻重缓急把生活的方方面面安排妥当。

　　斯托夫人、纳尔逊·曼德拉、居里夫人、阿尔伯

特·爱因斯坦、圣雄甘地、罗莎·帕克斯，他们出生的时候和我们一样都是普通人，但我们这个世界因为他们的存在变得更美好。再想想林肯，要不是他的坚毅和决心，我们宪法修正案第13条就不会通过，罪恶的奴隶制也不会被废除。虽然曾经为世人质疑，他和其他伟人都将普通人眼中的不可能变成了可能。正如亨利·福特所说：**"相信自己，总有一天你会心想事成；怀疑自己，结果也可想而知。"**

　　永远不要低估自己的能力，也不要说自己没有时间，时间对所有人都是公平的。这本书就是要帮助你管理时间，完成自己想做的事。如果你已经是个自律的人了，在此基础上要学会做事如何更有效和更高效，这一点至关重要。

人生最可怕的是无规划

30多年前，我曾参加过一个关于时间管理的研讨会。当时我在工作上投入了太多的时间，每天下班都把工作带回家，连周末都有固定的工作时间。当我把工作忙完的那一刻，我感觉一切尽在掌握，但问题是我没有兼顾好自己的生活。所以，我报名了一门相关课程，学到了一套可以改变我生活的时间管理体系，并且当我开始学以致用的时候，我每天都感觉到受益匪浅。

这就是我为什么要写这本书：分享我的所学，让你从中受益，这会让你获得你之前无法想象的回报。每个人在工作繁忙、时间不够用的时候都会感觉"压力山大"，茫然无措。不过放心，这些情绪适时会消失的，无须绝望，总会学着慢慢变得自律有序——但前提是你得有这个意愿。

有人问我，你最担心什么？我的答案是：人们生活的无规划状态。

这确实是个很严重的问题。大多数人对自己的每一天、每一周、每个月甚至每年没有任何规划。他们上班的时候会列工作清单，并按照公司的规章制度、做事流程完成工作。但下班后涉及个人生活管理方面，一般都毫无章法可言，他们只是憧憬、祈祷一切都会变好的。**事实是，在时间管理方面，他们对自己不如对公司好。**

在我的时间/生活管理课堂上，我总会问学生一个问题: **在管控自己的生活方面，谁是主体?** 令人欣慰的是，他们总能答对。

相信你也有答案了，那就是: **你自己!** 我希望这本书以及里面提到的方法会让你思考自己所承担的责任，无论是职场、家庭，还是生活的其他方面，譬如: 健康、社区工作、个人发展及财务状况。

另一方面，时间管理意味着要兼顾短期和长期，比如，想要享受退休金的红利要提前做好规划，要是等到离退休只剩几年才规划就太迟了；正如你不能等到孩子长到16岁了才规划他们的教育，或等生病了才考虑医保一样。

遗憾的是，大多数人只有在迫在眉睫的时候才想起履行责任。他们在手术之后才开始健身，在摔倒伤了臀部才想起做负重练习，在确诊患了肺癌后才开始戒烟；抑或是不规划孩子的个人发展，等到孩子考上大学后才意识到付不起学费，更糟糕的是，等发现孩子吸毒、意外怀孕、缺乏自尊自信的时候已经为时过晚。很多人 64 岁之前没有认真考虑退休金的问题，结果只能七八十岁还在工作，还要因为没钱看病忍受不必要的痛苦。难道他们的计划是成为人类史上第一个不会变老也不需要退休金的人？

在哪些领域如何合理地规划时间，是现在着手规划，还是留待日后？决定权在你自己手里。

如何有条理地完成自己的工作

很多人的状态就是：道理都明白，但往往却做相反的事。"有朝一日"在日历上是不存在的。从心理学上分析，人们不愿履行自身职责有很多原因，但**最重要的一个是他们不知道方法，他们不懂如何用条理的方法完成自己应该做的事。**中学和大学都不开设时间/人生管理课程，但坦率地说，一个人要想事业成功、人生幸福，没有比掌握时间管理技巧更重要的了。

可能有读者觉得我太啰嗦了，但是，为了确保你能深刻领悟内涵，我还想再说一遍：

一个人要想事业成功、人生幸福，没有比掌握时间管理技巧更重要的了。

我希望这本书会及时为你点亮一盏灯。要利用好这本书，我希望你能对自己诚恳，坦诚回答下列问题：

问自己下列问题：

- 不喜欢生活中的哪个方面？
- 不满意自身健康状况的哪个方面？
- 不喜欢工作、薪水、亲戚朋友的哪些方面？
- 个人生活最大的问题是什么？
- 职场中最大的问题是什么？
- 你将如何应对这些问题？

学会时间／人生管理绝对有助于你解决这些问题。但老实说，仅仅这样可能还不够，这种情况下，你需要向别人寻求帮助。

善于利用生命"计时器"

我用传统、非数字化的方式教授我的时间/生活管理课程，用计时器这个产品来具体实施教程中所体现的原则和技巧。

我用计时器已经 30 多年了，它给我忙碌的生活带来了平衡和秩序，帮助我在个人生活及职场中变得比想象的还成功。我用计时器来规划自己的每一天、每一周、每一年，有了它，我的生活尽在掌握中。

我绝不是老古董，我不排斥数码产品，每项科技进步都让我欢欣鼓舞。我有智能手机，用它做日历、收发电子邮件（我邮箱联系人有 3000 多个）和搜索网页。但是，我不需要用手机来规划人生，在史蒂夫·乔布斯憧憬创立苹果公司之前，我的生活已经井然有序了。但我必须承认，智能手机让我比以前更高效了。

所以，我现在有两个很棒的工具来协助我：计时器和智能手机。在本书后面的章节里，我将解释如何使用这两个工具来管控生活，保持有序。即使在世界各地发表演讲，参加主题研讨会，我也努力成为最好的父亲、祖父和丈夫。

我确信人们在由纸笔记事换成手机后，他们的条理性、效能和效度不升反降。

从我对全球上千人的第一手观察来看，我确信人们在由纸笔记事换成手机后，他们的条理性、效能和效度不升反降。原因在于人们在这个新奇好玩的

玩具上浪费了太多的时间，而没有用它来做事。正因为手机上有太多新鲜好玩的资讯，能够足够自律，用手机处理重要的事的人少之又少。如果你渴望一流的时间管理，就不能让脸书、推特、短信、电子邮件、时事要闻等分散你太多的精力。

时间规划就该即刻开始

首先我们需要界定何为时间管理，那就先从界定时间开始。**"时间"可以被看作是在一定周期内所发生的一系列事件。**简单地说，我们清晨起床，完成一天当中的一系列事情，然后日复一日重复这一模式。要做哪些事我们一醒来就知道了，因为我们已经提前地预留了时间，并在日历上已经做了标注。

一些事情属于习惯性行为，比如刷牙、吃维生素片、和孩子亲吻道别——这些事情没有做规划的必要。

有些事情当它们变成了很好的习惯时就无须再做规划，因为你无须外部提醒自然会主动去做。

一些事情属于我们想要做或必须做的，比如定期运动或给孩子读睡前故事，但我们往往没有足够的时间来做这些事情。

我的建议是：从现在开始安排这些事情，就像你要提前安排体检或参加商务会议一样。没错，就是从现在开始！先安排重要的事情。曾经，我用计时器来提醒自己定时喝水及每周日给妈妈打电话。后来就不需要刻意地安排了，因为定时喝水和周末打电话已经自然而然地成了习惯。

还有另外一类事情：我们无法提前预知又必须要处理的事情。在本书后面的章节我会专门介绍如何预留时间处理突发状况。

讲完时间，再说管理。管理属于一种控制行为，即让我们需要做的所有事情都尽在掌握。比如你现在经营一家餐厅，你主要的职责就是让餐厅的一切在你掌控之下。这意味着客人来的时候能轻松找到停车位，周边环境优美，服务员彬彬有礼并能很快帮客人找到座位，客人落座后点餐员及时到位并对菜单和酒单了如指掌，客人无须等太久，而且食物赏心悦目、口感上乘，用餐环境干净，音乐和灯光能恰到好处地烘托气氛。

不仅如此，员工的工作环境也应井然有序，员工需遵守安全准则和规章制度，提供卫生的食物。另外，员工应该接受正规的培训，有发展晋升的空间，员工应对饭店有认同感，他们的付出需要被欣赏和尊重。当客人用餐完毕的时候，及时帮他们把账单拿过来并在他们离开的时候热情道别。所有努力就是希望他们下次还能光临你的餐厅。

这就是我所说的尽在掌控。任何人不管从事什么行业，要想成功，达到我说的这种管理水平，就必须做到合理安排所有事情，从费用到员工的精神面貌，都必须由组织能力出色的领导者通过认真考核、一流的培训和持续的跟进来实现。

管理生活需要我们同样的投入。我们都见过事情失控时的场景：糟糕的戏剧表演、大型组织内部的官僚主义、乱糟糟的会议；抑或是干洗店弄丢了你的衬衫；一家人去看比赛，因为孩子们状况百出而迟到了一小时……每当这类事情发生时，都是因为领导力／管理出了问题，需要负责任的是首席执行官、运动教练、小企业主或家长。涉及个人生活时，你就是自己的领导者，千万不要失控！

在分别定义了时间和管理之后，接下来的问题是：何为时间管理？很简单：

时间管理即对生活中一系列事件的控制行为。

将不可控变成可控的策略

很多人可能不接受这个定义，因为他们觉得这根本不现实，因为我们生活中有太多不可控因素了，从某种角度来说，他们是对的。但有一点，**你管理突发事件的能力远远比自己想象的要强。**

如何获得高水平的控制力：

1. 雇用优秀的人
2. 培训与教育
3. 清楚自己的期望
4. 预案与实践
5. 在日程表上留白
6. 不要拖延

下面是一些提高掌控力的实用技巧：

1. 雇用优秀的人。有的人拥有优于常人的突发事件处理能力。如果你是某个组织或团队的领导，雇用和提拔这种优秀人才，是你作为领导／经理最重要的职责。

雇用那些对工作有激情、自信有闯劲的技术型人才。很多公司因为雇用了错误的人选而致使结果令人失望；雪上加霜的是，领导在发现能力与职位不匹配的员工之后没有采取进一步的行动，导致结果一败涂地，令人触目惊心。

在迪士尼，我们没有时间管理四万名不合格的员工，我们对新员工的招聘不是靠直觉。我们要确保客人每次来的时候都有美妙的体验，要做到每个环节都运作良好，我们有一套完善的招聘体系。限于篇幅，在这里就不赘述了，请登录 www.HireAuthority.com，上面有我和搭档卡罗尔·奎因分享的面试应聘者的最佳做法及其他一些窍门，帮助你雇用到最好的人才。这是个很醒脑的网站。

在我的另外一本书《客户法则：提供一流服务的39 条基本规则》的第 9 条规则中也详细介绍了这个主题。

2. 培训与教育。在雇用了优秀人才之后，对他们进行彻底的培训，让他们了解公司运作的各个方面，包括价值观、理念、优先事项和使命。这样，在一旦出状况的时候，即便你不在公司，他们也知道该如何应对。反之，如果不培训，聪明的人也会做愚蠢的决定，因为他们不知道正确的做事方法。培训员工时，要牢记这些关键要素：测试，确保培训内容已经内化为受训人的能力；执行，确保一致性；后续跟进和问责制。

3. 清楚自己的期望。无论是对自己还是对别人，父母必须要让孩子知道自己对他们的期许；同样，领导也要将自己对员工的期望清楚无误地传达出去。如果你不能百分百地把自己的想法传达到孩子、团队或员工那里的话，结果往往会让你大失所望。反之，如果你能做到明白无误地表达自己的期许，无论前路有多少艰险，他们都清楚知道自己的目标，因此会坚定不移地走下去。

不要心不在焉，做事不要漏洞百出。不要让别人对你说"我不明白你的意思""我不知道你什么时候想要"或"我原以为你如何如何……"

4. 预案与实践。把所有可能发生的事情都在脑海中想象一遍，提出解决预案，然后练习解决问题的能力，以期得到一个把最坏可能性降到最低的最优化方案。

例如，在迪士尼乐园，我们知道破坏力巨大的飓风经常会袭击佛罗里达州中部，所以我们就为这种可能性做了预案。我们培训了每位城堡员工，准备了所有必要物资，可以说做好了一切应对准备。**我们无法阻止飓风来袭，但我们可以做最万全的准备，以最大程度地减少生命和财产损失。**

同样，妻子普里西拉和我也为龙卷风袭击我们的房子做了预案。这当中最重要的是，我们需要知道如果龙卷风来袭，在只有 20 秒黄金逃生时间的情况下，我俩该跑向哪个房间。毕竟，如果龙卷风真来了，我们不可能临时开会，商量到底哪个房间最安全。

和家人讨论发生火灾时该怎么办是一种很好的预案；同样，教孩子游泳时，在游泳池周围设置安全围栏也是很好的预案。随着孩子慢慢长大，你和你的伴侣要为一些令人头痛，比如毒品和性的事做预案。另外，学会做心肺复苏，驾驶时与前车保持适当距离，为继续深造或退休进行财政规划，这些都属于预案。

如果你是位商界领袖，你要预测潜在客户的一切需求，培训员工，让他们熟稔所有操作流程和指南，为所有可能的突发事件制定解决方案，以有效避免客人对实际开业时间比宣传的晚、洗手间不整洁、员工发短信不搭理客户之类的事进行投诉。

我经常把生意比作一场戏。如果你希望在大幕拉开前就做好准备，你需要有个剧本，把每个环节、每个突发状况都想到，确保所有的演员彻底排练好自己的角色，这样才能变不可控为可控。在我的《客户法则：提供一流服务的 39 条基本规则》的第 10 条和第 12 条规则中有关于这方面的非常好的建议。

5. 在日程表上留白。 当出现突发事件的时候，对你最重要的可能就是时间。我已反复强调了，一定要合理安排生活中重要事件。同样重要的是，不要把每天都安排得满满当当，否则在处理突发事件时，你就会缺乏灵活性。这就是为什么我每天专门用铅笔在日程表中标出一些可以自由支配的时间。这些空余时间让我在处理一些计划外的事情，不管是好的还是坏的时都游刃有余。即使没有计划外的事情，我也可以充分利用这些时间来处理列表上的很多其他待办事宜。

6. **不要拖延**。正如你所看到的那样，有一个规划系统至关重要。但是，我必须补充一点：很多事情即使没写进日程表也一定要去处理的。所以，我要和你分享一个小小的心得体会，是我 30 多年前学到，已经慢慢把它内化成了习惯。那就是："**不要拖延**"。当我意识到有些事我必须做，但又不愿意做的时候，我就告诉自己"**不要拖延**"，然后我就真的马上行动了。

说到不要拖延，在继续第二章之前，你现在要做的就是思考一下：你目前是怎样利用自己时间的？你应该如何利用时间？哪些事情不值得你花时间去做？放松地散散步或安静地坐下来都有助于思索下面这些问题：

问自己这些问题：

· 你花时间所做的事情有意义吗？

· 你花时间做事情的方式有助于你实现自己的目标和梦想吗？（别忘了：梦想和噩梦的区别完全在于你！）

· 在你需要承担的所有责任中，哪些是需要你马上解决的？

· 哪些事即使在 1、5、10、20 年，甚至 40 年内无法得到回报但你仍然需要去做？

· 哪些事是你昨天没处理好，需要返工或完善的？

CHAPTER 2

第二章

如何更加系统地安排自己的生活

你热爱生命吗？那就请不要浪费时间，因为时间是
生命的组成要素。

——本杰明·富兰克林

（美国政治家、物理学家）

既然你已经开始思考如何把握自己的时间，那么在学习提高个人满意度和整体幸福感方面你已经步入正轨。本章将具体论述如何更系统地安排你的生活。

　　做事有章可循很重要。这就是为什么在像万豪和迪士尼这样成功的公司中，人们非常重视操作指南、记事日程、政策体系及工作流程。你自己有一套熟练应用的操作指南、记事日程、政策体系及工作流程吗？

记住，如果你的工作陷入组织混乱和缺乏一致的泥淖，你的公司就不可能成功。

假如上述要素你公司都具备了，你还需要有个体系来实现做事更高效快捷，确保能在规定的时间内完成所有的事情。这就是我要教你的。我向你保证，这值得你花时间去学习——毕竟，这本书的主旨就是要教你如何利用时间。

这个体系完美无瑕吗？并不是！但已经很好了。通过遵循这个制度，你将比世界上大多数人更从容。绝大多数人不知道他们在具体某个时间点该做什么，很少有人做事情能按照轻重缓急有章法地进行。

知道该做什么和具体做不做完全是两码事。这听起来很简单，但很多人在生活中会将这两者混淆。他们明明知道自己该做什么，但就是选择不做，尤其是那些短期没有回报的工作，因为他们没有一套体系、好习惯和固定的章法。我们中的许多人只是坐在那里许愿，希冀并祈祷事情会成功，但其实我们都知道多数愿望不会成真，无数希冀会落空，许多祈祷没有回应。因此，我们需要规划好一切并采取有效的行动。我建议你先写下你的三大愿望、最初的希冀和所有的祈愿，然后看看能否用所学的体系，将它们一一实现。

还是不想学时间管理体系？还是需要有人苦口婆心地劝你，给你一个学习的理由？想想看：

在一天快结束的时候，你本应该完成10件事情，但你一件都没做，你心里会怎么想？挺不是滋味，对不对？如果这种情况日复一日、周复一周地重复下去，你又会是什么感受呢？想必你会感到沮丧、痛苦、糟糕透顶。现代医学已经证明，这些情绪对健康是很不利的。

再问一下自己：如果我们一天中有很多事情要处理而且我们都完成了，或是你完成了自己必须要做的事，这时你是什么感受？同样，答案很简单，你会觉得很棒，很开心，自信满满。也许最重要的是，你感觉准备好了，能够承担更多的责任。

时间管理体系成就高品质生活

你有没有经历过这样的会议场景？经理在会上问，"我需要你们中有个人能自愿参加这个项目。在接下来的几个月里，每周大约占用一天时间。谁愿意做这件事？" 通常，整个房间会鸦雀无声，大多数人低下头，希望经理不会注意到自己。

你可以清楚地感知到每个人都在默默祈祷，希望自己不是那个必须接受任务的倒霉蛋。这就是为什么开会时就像学生上课一样，都不喜欢坐第一排，生怕被老板／老师注意到。

然后，这时，有人举起手说，"我能做这个项目，我可以的。" 谁有可能是这个人呢？最有可能是这个房间最忙的人。而且我还可以再补充一些细节：他不仅很忙，而且不会在原职位待太久。为什么这么说？因为他会被升职或被其他公司作为冉冉升起的新星而挖走。

那个人也可能是**你**。

我刚才描述的不仅可以出现在职场，也可以发生在社区、教会、非营利志愿者团体以及任何人们为实现目标而聚拢在一起的组织。一部分忙碌的人主动承担更多的责任，而更多的人不知自己如何能做到。我会告诉你如何能做到，他们有一套体系。他们可能自己都未必能意识到这点，**但他们做工作确实有一套章法，而且用得得心应手**。他们从来不找借口，比如"我太忙了""我没有时间""我们做不到，因为资源都被占用了"。

游戏的名字就叫体系，正如西南航空公司的领导人所说，"要降落一架飞机只有一个最佳方案，我们就用那个方案"。

现在想学时间管理体系了吗？

再补充一点，做事有章法还有一个额外的好处：当你效率越来越高的时候，回报不仅是物质层面上的，你的情感和精神境界也会提升。你会觉得自己可以完成任何事情，这会增强你的自信和自尊，并直接让你的表现提升到更高的水平，从而实现了更大的自我满足。这就形成了一个良性循环：**你的自尊心和自信心越强，你的表现就越好；你越来越好的表现和成就反过来又提高了自信和自尊。**

如何提高对时间的掌控力

时间管理的一个重要部分是关于可控及不可控因

素。下面是一个概要：

可控与不可控因素都是客观存在的。不可控因素包括天气、战争或经济形势。面对不可控制因素，我们需要学会适应新的形势。

生活中有一些事件我们不能阻止其发生，但可以通过提前准备在某种程度上对其加以控制。正如我前面提到的，可以通过招聘优秀员工，事先做好预案，对所有突发事件进行培训和实练，保持身心健康等加以实现。

有些事情是我们可以完全掌控的，例如健康、体重、学习新事物的能力、退休金、友谊和亲密关系，仅列几例，不一而足。

另有一类，我们认为可以控制，但实际上我们控制不了的事情。比如，改变别人。正如许多已婚人士所发现的，试图将配偶的弱点转变为强项，或将其性格由内向转为外向的努力通常是徒劳的。在我婚姻的头几年，我试图让普里西拉变得像我。我希望她能像我一样安排一天计划，她说自己不需要，因为她如果想要做某事，我可以提醒她。我希望她的衣柜像我的一样整理，她让我离她的衣柜远点。慢慢地，我终于明白了一个显而易见的道理：她是普里西拉，我是李·科克雷尔，我们两个中我能掌控的只有我自己。但这也让我有了另外一个收获：**当我改变自己的时候，很惊喜的是，普里西拉也变成了一个更好的人。**

最后一类就是我们认为能掌控，而且也确实能做到的事情，这包括我们对自己生活的责任、储蓄、与他人的关系、健康状况以及我们的时间。

所以，不要浪费你的时间，也不要没来由地感到沮丧。**忘记那些你无法掌控的事情，明确你能掌控什么，只关注这些，慢慢地你会发现结果会有大不同。**

时间管理系统终极目标是平衡

好的时间管理系统可以帮助我们在生活中缔造平衡。

人们会人为地割裂工作和生活的关系，但事实是，如果工作出了问题，那么很有可能生活也会出问题，反之亦然。我的建议是把工作和生活当作一个整体来看待。

首先，我们需要就我们生活方方面面所应扮演的角色做个列表：人生伴侣，孩子的家长，员工的老板，公司的雇员，公司法人代表，教会一员，所在社区、城市、国家、世界的一名公民，对自身健康、退休金、深造负责的个体，等等。所有这些角色和职责，在我们的一生中都在不停地转换，因而在做时间规划时应作为一个整体来看待。

不做计划就是计划失败。

这句话很多人都说过，确实很有哲理。对于一个好的时间规划体系来说，第一也是最重要的一条就是

每天都要花时间做计划。

拿出做度假攻略的热忱来计划每天。你总不能早上起来，连去哪儿，参观什么，该准备什么都不知道就直接出门度假吧！同理，每天做事前都要有计划，把计划当成 GPS 或地图，假设没它你就出不了门。事实上，有时没有计划你确实出门不知该去哪儿。

这意味着每天应拿出几分钟至半小时的时间想想今天、本周、这个月自己该做什么，如果你真的很擅长做计划，你甚至可以规划今年及接下来的几年的事宜。我指的是真正的计划：拿出日程表和铅笔，把能想到的所有待办事项列成清单写下来，包括你想做的事情。有些工作适合今天完成，有些适合明天，有些适合留待下个月或更晚。问题的关键是，你需要有个体系来合理安排待办事宜并写下来，这会大大增加你实际完成它们的概率。

你需要在清晨或头一天晚上找个安静的地方，把自己的想法和计划写下来，无论是写在日程表、电脑还是智能手机上都可以。有时，当我度假回来的时候，我会花一两个小时安排接下来的几天和几周的所有事情。

下面这些建议，是当你把计划整合在一起时应该考虑的。

做计划时应考虑的方面：

工作职责

住房责任

家庭责任

教会责任

社区责任

财务责任（投资、退休计划、时间安排等）

健康责任（饮食、运动、医疗、放松、睡眠）

社会责任（娱乐、人际交往、社会活动）

对他人的承诺 / 交流（通信、会议、辅导、咨询、生日、周年纪念等等）

个人发展（阅读、课程、学校、新体验、持续学习，www.Thrive15.com）

按上述事项做计划就是个很好的开始，虽然除此以外你还可以有其他的考量。每天拿出 5—30 分钟有意识地计划你在这些方面的生活，你就会发现不可能偏离自己预期的方向太远。

投资时间的回报是无法估量的。然而许多人不愿意这样做。理由还是那个，不用猜都知道，"我没有

时间"。他们没有时间学会节省时间！没有时间更好

地利用时间！这就像是说你需要现金，但你没有时间

去取；或者说你想去某个地方但是没有时间停下来问

路，白白浪费时间开车兜圈子。

　　让我来告诉你生活的真相。**当你清晰地思考并事**

先计划好行动时，你就节省了大量的时间。不仅如此，

这还会帮助你按正确的次序处理正确的事情。我一开

始也走了弯路，以前我工作的时候往往从简单的开始，

后来慢慢学会应先处理重要的事情。这种做事次序的

改变给我的生活和事业带来了根本性的变化。不要只

是相信我的话，你也要身体力行地自己试试看。

与其灭火不如做好防火

优先事项有三个层面：

- **紧急的**

- **至关重要的**

- **重要的**

当然，还有一些低附加值的优先事项，你不需要处理它们了，因为上述三种就够你忙了。

人们拒绝系统地规划时间的另一个借口就是，"我整天忙于灭火，没时间做规划"。听到这，我不禁在想，"他们的优先事项到底是什么？为什么他们一开始让火灾发生呢？"原因主要还在于没有规划。

把规划当作防火。你更喜欢防火还是灭火？这就和花时间锻炼一个道理：你花时间让自己心情愉快，预防疾病，同时也节省了治疗严重疾病的时间和成本。

我听到的另一个借口是，"每天都做这么宏大的计划会限制我的自由"。还是那句话，优先事项！的确，规划限制了你的自由——你浪费时间的自由。如果你哪天不想做任何事情，那就在计划表上留白，这绝对是一个可选项。有时候，放空大脑，无所事事也是头等大事。通常在星期六或星期天，我的计时器里没有一件事情，因为周末是放松休息时间。

如果你还是不认同时间规划，想想生死攸关的情况，比如战争。我同美国武装部队的高级军官一起工作过，我可以向你们保证，他们都同意的一点：计划越周全，就越能速战速决。所有项目，无论是大项目还是小项目都是一样的。例如，花时间尽量为假期做攻略，你才会以更好的价格买到机票和预订到理想的酒店，有效避开可能会毁掉美好假期的各种可能的烦心事。

做好规划才有精彩人生

在接下来的第三章中，我将介绍一下计时器里的**月度规划**，你可以在里面记录你的日程安排和个人预约，同时"**今日完成**"部分可以规划你的工作和个人目标，记录电话留言和电话号码；日记部分则记录个人观察和想法，供日后参考查阅。

我还会介绍定时器里的"**提前规划**"部分，并讨论如何用它来做诸如度假和医疗检查之类的长期规划，以便你可以在接到通知后立即查看你的日历。我还将简要浏览**地址和电话通讯录**，让你可以在用智能手机通讯录外，多一个可选项。

实施这一体系会让你生活的方方面面都受益。确实，这需要自律和投入，在我们短短的一生中做任何事情又何尝不是这样？改变习惯并非易事，但只要我们开始日复一日的练习，困难的事情就会变得容易。对我来说，学会骑自行车曾经很难，成为一名演讲家曾经很难，写书亦如此。但是当你把注意力集中在你真正想完成的事情上时，把坏习惯变成好习惯并不需要很长时间。你可以做到这一点，你所有的付出都会获得巨大的回报。

第三章

如何用计时器来规划每天的生活

除非你珍惜自己，否则你不会珍惜时间。不珍惜时间，
你将一无所成。

———M·斯科特·派克

（美国著名作家、心理治疗大师）

现在开始讲述如何用计时器来规划每天的生活。

这个系统我已经用了 35 年，对我来说至今仍不可或

缺。它体积小巧，可以放在口袋里，便于随身携带。

普里西拉抱怨说，我基本上是计时器和手机不离手。

我把计时器称为我的第二大脑，和真正的大脑不同，

它可以记住我输入的所有事项。

月度规划析分表格

星期四
5 月 18 日
预约 & 计划 事件

6:15 – 8:00 办公室和计划时间
8:00 – 与埃林和卡尔的每周汇报 5 月 18 日
10:00 – 和贝斯·史蒂文森散步
11:30 – 向艾尔汇报工作 (5/18 日记)
13:00 – 15:00 年度体检
16:00 – 17:00 与玛丽做工作总结
17:15 健身
19:30 为詹姆斯庆祝生日 (5/18 日记)

今日必做 (事项列表)
生日提醒 拉尔夫 ~ 格蕾丝
关于生产的会议
为 6 月份做计划
参观礼宾休息室
给迷迭香餐厅反馈 (5/17)
给吉姆写感谢便条
解决客人登记入住的事情
解决鲍勃的事情
与财务顾问的预约
开立退休储蓄账户
年度眼科检查
与孩子们出去
给母亲写信

预订 9 月份出去度假的飞机票

日记与工作记录
下午 7:00 在詹姆斯家吃晚餐
13:00–16:00 去里恩家，走右边
步行 1.4 公里至橡树街，走右边
过两个街区后詹姆斯家在路的左边，门牌号为 546
电话：407–414–3217 妻子：朱迪 孩子：丹 / 玛丽

8:00 听埃林和卡尔汇报工作
– 总结应变计划
– 讨论计划框架
– 感谢他们

11:30 向艾尔汇报工作
– 计划框架
– 有可能会超时
– 提出具体的建议

普里西拉 / 杂货店 / 下班路上需在杂货店买的东西：
牛奶、面包、《 纽约时报 》、草莓、葡萄

利兹·约翰逊——利兹需给客户打电话
– 客户登记入住体验差
– 玛丽不礼貌
– 房间 下午 6 点
– 周五（5 月 19 日）上午 12 点之前回电话

电话单

卡尔 407–325–6543	
利兹·约翰逊 202–464–3251	客人名单
比尔·罗格斯 321–424–1564	
艾尔 ~ 3464	
弗兰克·麦克米兰 407–322–4651	感谢律师
格蕾丝 251–625–8888	
普里西拉 407–876–3072	

提前规划怎么做让自己更轻松

计时器由三部分组成：**提前规划**（18 个月）；**月度规划**（逐日规划）；**电话簿**。

下图（"一周内计划细分表格"）分别是提前规划和月度规则的案例，该图可以帮助我们学会如何使用这个体系。

提前规划可以帮你安排一切商务及私人事宜，如：机场接机、年度体检、工作会议、与客户或朋友共进晚餐，等等。因为**提前规划**有 18 个月的时效，所以你可以提前一年或一年半把安排或预约输入。另外，在反面一个位置，甚至可以安排五年之内的事宜，可以说功能很强大，而且不需要电池，因此不存在电量

一周内计划细分表格

星期日	星期一	星期二	星期三	星期四	星期五	星期六	
	6：15 到达办公室	6：15 办公室和计划时间	6：15 办公室和计划时间	6：15 办公室和计划时间	6：15 办公室和计划时间		
	9-11 sc						
		8-埃林/卡尔	8-8:15 约翰·罗格斯		10-12 参观	10-去超市	
			9-詹姆斯				
	12-吃饭						
	14-与珍妮见面	15-BO	15-在迪士尼乐园			16-健身	
	15:15 健身	15:15 健身	15:15 健身	15:15 健身	15:15 健身	19-晚餐 杰克斯	
	1	2	3	4	5	6	五月
	6：15 办公室和计划时间	6：15 办公室和计划时间	6：15 办公室和计划时间	6：15 办公室和计划时间	6：15 办公室和计划时间		
	9-11 SC	8-卡尔/埃林	10-罗格斯	10-散步	8-执行委员会		
	14 和格蕾丝喝咖啡	10-香港机票	12-乔治				
		12-散步	15:30-巴德	15~里克			
				16-约翰	16-健身	16-健身	
16-健身	15:15 健身	5:15 健身	5:15 健身	15:15 健身	18:30 晚餐	21-看电影	
7	8	9	10	11	12	13	
	6：15 办公室和计划时间	6：15 办公室和计划时间	6：15 办公室和计划时间	6：15 办公室和计划时间	6：15 办公室和计划时间		
8-去吃美食	9-11 sc	8-埃林/卡尔	9-苏·梅森	8-埃林/卡尔	10-锻炼		
	12-15 VPOC			10-阿达			
		2-2 艾米克	1-玛格丽特学校	11:30-艾尔	12:30-16:30 时间管理	12-文艺演出	
16-健身				13-看心理医生			
				16-玛丽波普			
	15:15 健身	15:15 健身	15:15 健身	15:15-去海滩	17-去海滩	看孩子 20	
				19：30-詹姆斯 18	V-晚餐 19		
14	15	16	17				
	6：15 办公室和计划时间	6：15 办公室和计划时间	6：15 办公室和计划时间	6：15 办公室和计划时间	达拉斯	达拉斯	备注
	8-9 写演讲稿	8-卡尔/埃林			度假		
	联系约翰	10-散步	10-凯文 给中心打电话	12-健身	12-午餐	12-杰瑞/芭芭拉	
8-12 马可 陪孩子	12-比尔						
	15-彼得			16-玛丽波普	16-健身	17-南希/沃尔多	
	17-健身	17-健身	17-健身	6AA#1247DFW 座位号 12A&B	18:30 晚餐 玛丽	19-晚餐	
21	22	23	24	25	26	27	
	达拉斯	6：15 办公室和计划时间	8：15 办公室和计划时间				
达拉斯	度假	8-卡尔/埃林					
		10-人事会议	12-艾尔				
		13-山姆	14-会议				
	15-AAP1257 去奥兰多	15-比尔	15-吉姆				
19-晚餐	座位号 21C$D						
28	29	30	31				
			四月		六月		

耗完不能用的情况。

比如，当我想飞去香港探望好朋友唐和苏兹·罗宾逊时，我提前七个月用定时器规划出我们的出发及返程日期。提前规划的一大好处是我可以用航空积分里程换得两张免费机票。许多人抱怨不会用航空积分里程，但对我来说完全不是问题，因为我提前规划了。我可以提前选座，我一般是第一个在该航班订票的，所以座位任选，这样普里西拉和我就能够在靠近过道的座位上伸展双腿，这对于长途旅行来说是个很大的优势。

再举一例，当我 2010 年做年度体检时，医生告诉我五年后再做一次结肠镜检查。我马上在提前规划上翻到 2015 年，记下这次检查，五年后它会提醒我。

这样的检查对我来说很重要，甚至可以说是生死攸关的优先事项，因为如果我忘记做检查或者晚一年才做检查，我有可能会死于结肠癌，因为我没做到早发现早治疗。到时再后悔却为时晚矣。这绝不是危言耸听，事实上，这种可怕的事情确实在许多人身上发生过。

牙病虽然不会危及我的生命，但我在做牙科检查时也采取同样的方法。完成一次检查后，在离开医生办公室之前，我会在**提前规划**上记下下次做检查的日期和具体时间，同时也在手机上做备份；这样我就不会忘，也无须到时再预约。不用浪费精力牵挂牙齿检查的事，也无须浪费时间到时再预约，在第一次检查后现场就把后面的问题解决好了。

讲完提前规划，再看月度规划部分。月度规划又分为几个部分（参考下页"月度规划析分表格"）。

第一部分，左上角位置，是表中为"预约＆计划事件"，这和前面讲的**提前规划**内容是有重叠的，图片中的例子是 5 月 18 日，如果你在**月度规划**中设定完毕后，5 月 18 日这个日期也会自动出现在**提前规划**部分。但在具体描述上可能会有些微的差异，因为提前规划部分空间相对小，所以用缩写是个比较俭省的办法。

另外，提前规划里还有一个叫作"备注"的部分，你可以提前输入信息，等指定的日期到来时它会自动提醒你。这部分适合记录一些日期，如生日、体检日，或者……基本上什么都可以。

月度规划还有一部分叫"今日完成"，这是你每**天清晨**做时间规划时都需要用的部分。事实上，"今日完成"这个名字多少有点误导性，并不是说这个工作一定要在今天完成，它实际上是指你打算今天就开始做这项工作。有些工作不会花很长时间，可以当天完成；但有的工作的周期则很长，需要几周甚至几个月的时间才能完成。

月度规划的第三部分为"费用和报销记录"，它在图例的左下角。实际上我不用它记录消费信息；相反，我把要拨打和回复的电话号码存在这儿。这样，当我有一两分钟的空闲时间的时候，我可以随手回个电话，然后把已处理的电话从列表上删除。**在这个环节省一分钟，在那个环节再省一分钟，这其实是时间管理的精髓之一。**只要做到把所有的待办事宜放在顺手好找的位置，每天都能大约节省一小时。

在**月度规划**的右手边位置是"日记"，顾名思义，你想写的任何事情都可以写在这里，这和一般意义上的日记并无二致。你可以用它做会议笔记，可以列出在下班路上去超市要买的东西，也可以写下当天晚上去谁家吃饭。如：晚上7点去詹姆斯家吃晚饭。

（5月18日记）中文字用圆括号括起来表示"**更多信息**"。当你把时间或地点括起来时代表该时间或地点还有更多信息，以图示为例，圆括号代表包含詹姆斯家的详细地址。你还能注意到在"日记"部分有一个列表，是关于我和卡尔、埃林、下属以及我的老板艾尔的会议记录。另外还有普里西拉要我在下班路上去杂货店买的东西。同时，在这部分中也可以记录我需要回访的迪士尼乐园的客人关于宾客服务的问题。综上所述，在"日记"部分你可以记录你想记的事宜。

电话簿是这个体系的第三部分，我建议你花点时间写下你需要随身携带的个人和商务电话号码和地址，随时可以拨打需要经常用的电话号码，如邻居、朋友、孩子的朋友、下属、信用卡公司、医生、银行等。当然，这些功能智能手机也可以快捷实现，但如果忘记带手机或恰好手机没电了就会很不方便，而电话簿可以起到备份的功能，这会给我安全感。为保障飞机飞行安全，航空公司会有各种突发事件的预案；同样，我生活的每方面都有预案，这样才能保障生活井然有序。对了，密码也可以存在这里。

如何高效利用碎片化时间

我们每个人都有自由支配的时间。"自由支配"就是字面意思，即在这段时间内你基本上可以做任何你想做的事情。如果你是一线员工，假如你的轮班时间是从早上 8 点到下午 5 点，你可能在工作中没有太多的自由支配时间，唯一可以自由支配的就是午休时间。午休只是个笼统的说法，不是只让你吃半小时或一小时的食物，你可以做任何你想做的事：吃饭、看书、打电话、做俯卧撑、写电子邮件、和你的朋友或同事聊天。其他自由支配时间包括从下午 5 点下班到第二天早上上班，当然还有休息日。

我之所以强调这点，是因为人们总是说自己没有时间做这个或那个。其实我们手头有很多自由支配的时间，这真的是个人选择的问题。你可以健身或看电视，或同时做这两件事，这是个人的选择；你可以在周末打高尔夫球，或者和你爱的人一起共度美好时光，这是个人的选择；你可以做美食，或者给你的孩子读睡前故事，这是个人的选择。给孩子读书是值得花时间的事情，当他们热爱读书，在学校表现良好，成为自立自强的公民时，你之前的努力就会得到回报。你看，这不是时间太少的问题，这是做出正确个人选择的问题。

　　一定要做出正确的选择。如果能和你爱的人在如何度过时间上达成一致，那么你可能已经做出了正确的选择。我有一位朋友，他每周三带妻子出去吃饭，看电影，周六打一整天高尔夫球。这就是正确的选择，因为他很好地兼顾了爱人和爱好。

在一个公司内部，不同职位的人在工作时间内可自由支配时间是完全不同的。客户服务经理比一线员工有更多的自由支配时间，总经理比客服经理有更多的自由支配时间，副总裁比前面所有人都有更多的自由支配时间。当你退休的时候，你更是会有大把的自由支配时间。

一个人可自由支配的时间并不取决于他们薪酬等级，而是当他们上升到一定职位时，可以自由决定该做什么以及如何去做。只有那些做出正确选择的人才能在他们的领域中取得成功和进步。

每日计划时间非常重要，原因之一就是：当你有自由支配的时间时，列一份周密的工作清单，写上工作和生活中的重要事情。当你不在开会或执行预定的任务时，你可以对着清单，把上面的工作一项项完成。

有一句格言真正地阐明了规划时间的正确含义：**"现在就做你应该做的事情，这样以后你就能做你想做的事情。"**这不仅适用于工作，同样适于你个人生活，如：退休计划、健康、抚养教育孩子，等等。

让规划顺利落地的四大技巧

现在你可能会想，"好的，我清楚时间规划的重要性了，但是，我该如何进行规划呢？"

首先，找一个安静的地方，可以是办公室，如果办公室比较吵的话、休息室、家里、车里或咖啡厅都可以。

1. 首先拿出时间管理器并调到当前的日期（书中给的例子是月度计划里的 5 月 18 日）。你过去记录的所有事宜在那里都能找到。

2. 浏览你的商业和个人邮件，在你的"今日完成"列表中添加新的条目。从上到下依次列出工作业务项目；然后从上到下列出个人生活项目。这样工作和生活事物就一目了然。

注意：现在你还没有按优先级顺序列出待办事宜，这个问题我们稍候再讨论。现在，我们集中精力要做的是把所有事宜都列在"今日完成"的清单上，确保没有遗漏。

3. 翻看头一天的计划清单，看看有没有漏下的事情。如果有，移到今天或未来某天的列表中；**原则就是你觉得哪天最有可能完成就放在哪天，同时考虑完成这些工作、预约或其他事宜分别需要花多长时间。**另外，想想哪些事情是本应昨天就该做好的？优先处理这些事情。

这三步都相对简单，而第四步则是最难也是最重要的一步。

4. 仔细想想我们之前列出的那些生活中的方方面面，包括需要做的、愿意做的、必须做的，然后把它们写在"今日完成"的商业或者个人专栏里。你要考虑的不仅是今天，还要着眼于明天、下周、下周末、下个月、明年、两年后甚至是五年后。

每天都要问自己这个问题："哪些事情是我必须要做的？**哪怕在接下来的 1 年、5 年、10 年、15 年、20 年、25 年、30 年、35 年、40 年甚至 50 年都没有回报？**"

同时要考虑的还有你在生活中所承担的每一项责任：对你的配偶、生活伴侣、朋友、父母、孩子和其他人以及对你自己，包括退休、健康、职业发展，等等。然后，在"待办"列表中的每项事宜中都加上时间，例如，今天：给约翰打电话，告诉他该交报告了。明天：审查玛丽的绩效评估。下周：和下属一起安排本月的会议，并计划 9 月份的假期。下个月：研究公司长期人员结构，购买个人财产险，报名参加李先生的时间管理课程，拜访孩子们的老师。明年：安排所有的年度体检，与财务规划师见面，回到学校深造并拿到本科学位。5年：50岁以后每年全面体检，去英国探望亲戚。30年：有足够的储蓄退休，有个可以打发时间的个人爱好。

记住：如果现在不和财务规划师讨论储蓄和投资，30年后你就可能无法实现退休目标；如果现在不开始大学深造机会，那三四年后肯定和学位无缘了。

关键是，你今天所做的许多事情，本周和本月所做的，很多年都不会有回报，比如指导和培训你的下属，管教小孩。你应该一开始就计划如何得到你想要的东西。然后把它写下来，这样你就不会忘记，并且坚持不懈地努力，直到得偿所愿。

顺便说一下，如果你在第四步经过**认真思考**后仍没有什么头绪的话，我建议你问问你的领导或者你的亲人，他们可能会给你一个清单。最近，我一直想在工作中尝试做些改变，几个星期以来，每日冥思苦想，终于有了一些头绪。但这只是方案的一部分，我仍然需要和其他人一起讨论来充实完善这些想法。

还有，别忘了把运动列入你的清单，而不仅仅是为了众所周知的健康益处。在你运动的时候会有奇妙的事情发生；实际上，我的一些最好的想法和见解都是在运动时想到的。这些年来，慢跑或散步是我新奇的想法和创造性的解决方案的源泉。我不知道是不是因为锻炼可以增加大脑供血量，我只知道，运动很管用。

说到运动，我发现人们不锻炼的最坏借口就是太累了。大多数时候，当你感到疲倦的时候，运动可以给你补充能量。在我看来，越是身心疲惫，越是应该运动。所以，每当定时器提醒我运动时间到了，我都会去运动。因为首先我要认真执行计划，其次我知道在我运动的时候可能会有很好的灵感。最低限度，当我回家的时候我会身心愉悦，完全放松……这实际上也是节省时间。

好好想想你今天学到的一切。在下一章中，你将学会，把"今日完成"清单按轻重缓急排序后，如何有效利用每一天。

CHAPTER 4

第四章

按优先级别顺序，高效办成事情

要了解一个人的生活，不仅要了解他的所作所为，
还要了解他刻意不作为之事。

——约翰·霍尔·格拉德斯通
（19 世纪英国著名化学家）

前面我们已经讨论了你在时间管理及生活管理的职责所在——你是这其中的关键因素。

· 我们讨论了如何用计时器以及你在做时间管理时应考虑的生活中的方方面面。

· 我们讨论了把商务事宜和个人事务放在同一个管理系统的重要性。

· 我们讨论了计时器的优势，它所包含的三部分可以完美覆盖你要处理的所有事务，就好像在口袋里装着一个办公室。

现在你已经学会了如何做列表，如何用计时器提高效率。接下来要学习的是如何把列表的事项按优先级顺序排列，让你做事不仅有效率，而且效果良好。

顺序不同，效果不同

· **紧急**

· **至关重要**

· **重要**

· **低附加值的优先事务，如果有的话**

按上述标准把优先事务进行分类后，一天的计划就算大功告成了。第三章 5 月 18 日计划表中列出了一些待办事宜，但不同的是，那只是个列表；而现在列表中的每一项都有了优先级，到了这一步，你才算有了真正的计划！

按正确的顺序处理事务很重要。

之前我一回家就打开电视，就连普里西拉跟我说话时我都两眼紧盯电视，结果导致家庭关系出了问题。后来我意识到倾听家人心声的重要性，所以我把优先级进行了重新调整。现在回家后，我会对普里西拉说我爱你，吻她，她同我讲话时我会认真聆听；

在这之后我再打开电视。改变了做事的顺序，结果便截然不同。

对待工作我亦是如此。在工作中我很早就学会了早上到公司后先和团队中的每个人打招呼，问好致意；然后再埋头处理成堆的文件和电脑上的工作。我强烈建议你也这样做：

管事务要先理人心。

对于优先级来说，时机的把握非常重要。所以，发现自己错了就要马上道歉，把事情搞砸了第一时间就要说实话，每年按时做体检，不要等爱人问再说我

爱你，随时发现团队成员身上的闪光点并及时表达对他们的赏识之情。很多员工离职是因为觉得自己不受重视，每个人都希望自己在别人眼中很重要，而当他们确认到这一点后会更加勤奋而且对公司的忠诚度也会更高。

把待办事宜按优先级正确排列后，认真专注直至顺利完成，这就是做事有效的全部内涵。

多件紧急事务要处理怎么办

· 紧急，在旁边标注 *

· 至关重要，在旁边写一个 A

· 重要，在旁边写一个 B

· 低附加值，在旁边写一个 C

先做哪件？当然是紧急的，尤其那些无论是你，还是老板、顾客、员工都认为是紧急的事。

如果你有好几件紧急事务要处理怎么办？再根据紧急程度按 1、2、3 进行排序。

如果紧急的事务当天完不成怎么办？不管解决这些商务或个人紧急事务需要花多少天，务必确保它们每天都出现在日程表上直至完成为止。

紧急事务处理完毕之后，就着手至关重要这一级了。解决至关重要的事务可能会花费你六个月、一年甚至更长时间来完成，但会让你在客户满意度、员工士气、商业绩效甚至人际关系等方面受益匪浅。

这是一个很重要的概念。很多人选择不做至关重要的事务，因为这些事情太宏大了。但这里要强调的是，至关重要的事务是从今天开始做，不是今天就要完成。它们通常需要花很长时间才能完成，因为这都是些大事；但相应的，回报也很丰厚。

可能你列表上有很多至关重要的事务，和处理紧急事务一样，按重要程度对其进行排序，然后依次处理；同样，处理不完的，确保它们出现在第二天的列表上。

接下来讲重要的事务，即列表上标注为 B 的事务。同样，你需要根据其重要程度按 B-1、B-2、 B-3 进行排序。

如果你把所有这些事情做完后仍有时间盈余的话，现在可以着手处理有限价值清单上的事宜了。但是我建议你把有限价值的事务从生活中排除，并从你的待办事项清单中剔除。世界上有那么多紧急、至关重要和重要的事情等着你解决，为什么要把时间花在有限价值的事情上呢？诚然，把这些事情彻底从生活中抹去多少令人心生畏惧，无论如何，我鼓励你尝试一下，因为你体验到的将是自由。

人们经常陷入日复一日、单调重复的常规活动的泥淖不能自拔，却从未考虑过为什么要这样做。比如，你真的那么喜欢保龄球吗？更别提过去17年中每个星期三晚上都作为公司保龄球队成员参加各种比赛了。如果你喜欢保龄球，很好，那就继续；但如果你不是那么喜欢，就叫暂停，不参加这个活动。

同理，扔掉那些没营养或对实现梦想无益的旧习惯。走出车辙印，回到快车道。

如果你看看第三章 5 月 18 日规划表星期四上的月度计划，你会发现里面的事项已经按上述优先级排序方法编码了。你能看出来我不是把待办事宜简单地罗列在一起，而是重新组织排序，原先列表的最后一项成了优先级列表的第一项，同时我做事情的次序也一目了然。

标注优先级别，才能有条不紊

*-2: 向拉尔夫祝贺生日快乐；

B-3: 安排关于生产计划的会议；

B-6: 撰写 6 月份日常工作计划；

B-5: 安排客人参观礼宾厅；

B-4: 给罗斯玛丽关于饭店的反馈意见；

*-4: 给吉姆写感谢便条；

A-1: 解决 X 酒店的客房入住问题；

*-3: 处理好鲍勃的事；

B-1: 安排与财务顾问会面；

B-7: 开立退休储蓄账户；

B-2: 安排年度眼科检查；

*-5: 安排和孩子们去神奇王国旅行事宜；

B-8: 给妈妈写一封信；

*-1: 为 9 月份的假期订票。

当我那天早上做计划的时候，我发现自己有很多工作要完成。当我把计时器翻到 18 日的时候，有些工作已经在那里了，是我几天前甚至几周之前就放进去的，我的目标就是在 18 日把这些活干完。

把待办事宜添加到"今日完成"清单上时一定要确保当天可以完成，同时要兼顾当天的其他任务，合理平衡日程表和"今日完成"清单。假如你一整天都在开会，其实就没有多少可自由支配的时间去处理"今日完成"清单上的工作了。当我翻阅 5 月 18 日清单时，我又加了几项，然后往前翻到 17 日，把没有完成的工作，一部分放在了 18 日，另一部分放到了 19 日周五。

当我规划当日时间安排时，我先把"解决 X 酒店的客房入住问题"这条放了进去，因为我头一天刚查阅了客人满意度打分情况。然后我又添入"处理好鲍勃的事"这条；鲍勃是我的下属，我要就他最近糟糕的表现、怠慢的工作态度和迟到的问题找他好好谈谈。另外我把"安排与财务顾问会面"和"开立退休储蓄账户"这两条也加了进去，因为周日报纸上的一篇文章引发了我对这个问题的思考，我决定事不宜迟，马上完成这两件事。

说到报纸，顺便提一句，读书看报及浏览好的网站对我们非常重要，有助于我们了解与自己的生活和兴趣相关的主题并从中获得启迪。渊博的知识和大量信息储备有助于你做出明智的决定。无数次，当我阅读一些优质期刊及浏览像 Thrive15.com 这样的在线教育资源时，我的灵感往往会被触发，好的创意和想法就会源源不断地涌现出来。

把 5 月 18 日的待办事宜全部列出，在每一项上标注优先级，这样就一切准备就绪，规划设计部分就算大功告成了。

自己可以安排的生活才是享受

我的第一个预约是和埃林与卡尔，在早上 8 点钟。"日记"中的备注部分会提醒我具体交谈的事宜。"日记"部分非常适合创建会议议程。埃林和卡尔 9 点离开，下一个约会是在 10 点，因而我有一个小时的自由支配时间。

做计划的一大好处就是你不会浪费自由支配时间。你可以先着手处理计划上的事宜，一项项消灭它们。我当天处理的第一件事是"为 9 月份的假期订票"，因为它旁边标注的是 *-1（紧急第 1 级），说明这是当天列表上最重要的事情，有可能这是特价票最后一天。在处理好这件事以后，我把它记录在提前规划里，包括航班号、起飞和到达时间。这样，在任何时候，如果家人或同事问我什么时候不在公司，什么时候出发，什么时候返程，我都可以准确答复他们。因为这些信息都在提前规划里，动动手指就能知道答案。

接下来依次处理 *-2、*-3、*-4、*-5，非常顺利，半个小时之内都解决了。在着手 A-1 之前，我还可以去洗手间接杯水，虽然这不是计划的一部分。

当然，这是在开玩笑！但是，如果你现在真的处于无序状态，要学着像我这样安排时间，直至让生活从混乱走向有序。

现在是 9 点半，我要去迪士尼的动物王国主题公园和贝丝·史蒂文森散步。我放下手头的活，向我的车走去，在路上，我顺手拿出手机，回了几个电话，这些电话都在计时器的电话簿上有备份。

当我到达动物王国主题公园时，我已经把该打的电话都完成了，就剩一个，她是我们的园艺专家，想和我分享关于开花植物的一些好的想法，所以我们决定下周在佛罗里达州见面。因此，我核对了她的电话号码，并在旁边输入了预约时间。

我和贝丝·史蒂文森散步一小时后开车回到办公室，现在是 11 点半，下一个预约是和老板艾尔·韦斯见面，安排在中午 12 点，这中间我又有 30 分钟的自由支配时间。在回来的路上我已经吃了一份花生酱

和果冻三明治，如果某天日程安排特别紧凑的话，我
习惯在公文包里放个三明治。把 30 分钟的午餐时间
节省下来可以有助于我按时完成所有的预约。但我要
说明的是，这不是我的常态，不仅因为我热爱美食，
而且在餐厅吃饭也是在有效地利用时间。因为我可以
随时检查食物的口感、餐厅卫生和服务，同时还有机
会和员工交谈。

如果你能像挤牙膏一样把时间一点点地挤出来，
并慢慢积累起来，结果会令人惊叹。因为还有 30 分
钟的自由支配时间，我就可以处理至关重要列表里的
事务："在 X 酒店办理登记手续"。这是一个大问题，
我希望这件事能尽快得以解决，所以我决定一直盯着
它，直到彻底解决好。当天我能做的就是安排好两周

后的会议来推动解决这个难题，目标是在六个月后客人入住难的问题彻底改善。

我决定组建一个九人团队，专门解决这个问题。我给他们发了邮件，告诉他们我的关切并通知他们第一次会议安排在 6 月 6 日下午 2 点到 4 点及会议地点，在接下来的半年内每周三下午 2 点到 4 点定期开会。12 月 15 日是解决这个问题的截止日期，因此现在就得着手为第一次会议做准备，我还要求他们告知我是否遗漏了其他与客户入住相关的工作人员，告知他们我会和他们一对一讨论我的期望并落实每个人的具体职责。在我点下发送按钮后，关于这件事今天就处理到这里。

第二天，在我的时间规划里，我在日历里添加了所有的星期三会议。在接下来的几周里，我与团队每名成员安排了一对一会面，同时确保在接下来的六个月里预留出每周三会议地点。另外，我创建了一个新条目，在老板问到这件事之前知道我们已经着手解决这个问题了。在我整个职业生涯和 46 年的婚姻中，我学会了一点：在老板或妻子发现问题之前，最好自己先发现问题并告知解决方案。多亏了普里西拉，在这方面我成了专家。

然后我确认了该条目在我 5 月 18 日的日历上，除非这项工作完成了，否则日历会一直提醒我。在团队第一次会议上，我们集思广益，提出了各种想法和方案，填写了挂图，为每个人分配了责任，明确了截止日期。到了 12 月，问题如期解决了。

这就是专注的魅力。在迪士尼，只要我们选择专注于某事，投入必要的时间和资源，最终一定会得偿所愿。同样的理念也可应用在你的个人生活及职业生涯中。集中精力，努力做到更好；另外，投入大量的时间做保障，依靠团队，善于寻求他人的帮助。做到这些，所有问题一定会迎刃而解。

继续说 5 月 18 日的日程安排，等与老板艾尔中午的会面结束后，当天紧急及至关重要的事务就处理完毕了。另外，我把花生酱和果冻三明治放在手边，在和艾尔见面之前很快把午餐吃完。和艾尔的会面我从未迟到过；**重复一遍，和艾尔会面我从未迟到过。**或许，你工作的企业文化中这不是大事，但在迪士尼，跟老板见面迟到是不能接受的。

| 你打算什么时候开始？

在和艾尔交谈的时候，他突然说："对了，×度假村的客人登记入住问题现在怎么样了？"关于这个问题绝对有话可说！艾尔听完后，把身子往后一靠，肯定心里在想，这家伙很有执行力，这点我喜欢。这正是想要的效果：要至少先老板一步想到问题。另外，时不时地问问老板是否有他／她想让你做的事，也不失为一个很好的办法，这有助于你把正确的事情写进计划。当老板就一个很重要的商务问题咨询你的看法时，因为你已经提前做了功课，所以会胸有成竹、淡定自信而不是结结巴巴、手足无措。这对你的事业是大有裨益的。认真处理至关重要事务的一个附带好处是，当你有效地解决这些问题时，许多紧急的事情就永远不会发生。这同样可以节省大量的时间，你不必终日疲于灭火，寝食难安。

如果你很难划分哪些事情属于至关重要，哪些属于重要的话，我可以打个很直观的比方：有些器官对我们至关重要，比如心脏、肺、肾脏、肝脏等；这些器官比我们身体其他部位如手指、脚趾等就重要得多。我们必须要好好照顾这些至关重要的器官，因为没有它们我们就不能活。

我们工作及生活中至关重要的事务对我们也是同理。把入住问题解决了，就不必面对愤怒的客人的投诉，这同时也缓解了前台工作人员的压力，不必因为客人的大喊大叫而陷入混乱。更重要的是，我们赢得了口碑，提高了客人的忠诚度。

健康也属于这一类，如果你不花时间来保持健康，你可能不得不花大量的时间来进行术后恢复。

5月18日下午12点30分，我开车到医生办公室做年度体检。从长远来看，这是一种巨大的时间节省。就健康而言，早发现早治疗至关重要。无数次，我听到有人说："如果我们早点发现这个病，他可能现在还活着。"当我安排体检预约时，一般都安排在早上8点，因为这是医生预约的第一个时段，因此不会拖延。另外，在经过一个晚上的休息调整后，医生在这个时段精力最充沛，检查也会更仔细。

同样的，我订机票的时候都是尽量订日间第一趟航班。这班飞机的准点率最高，因为飞机头一天晚上就在机场停好了。事实上，起飞时间越往后，晚点率就越高，这真是浪费时间的噩梦。记住，"早起的鸟儿有虫吃，晚起的鸟儿只能吃土。"

体检完成后，我告诉医生现在正服用哪些药物和维生素，这些信息很容易获得，因为我已经存在计时器里医生的名下了。在回办公室的路上接了语音邮件，还用免提电话回了几个电话。（一定不要边开车，边用手机接打电话，哪怕这在你们州是合法的，这是很危险的行为。）我3点半回到办公室，4点钟要和玛丽做绩效评估。在这30分钟可自由安排的时间里，我有两个选择：要么四处闲逛，干扰别人正常的工作节奏；要么在4点钟前解决清单上B-1、B-2、B-3，甚至是B-4的工作。

我和玛丽的工作提前15分钟完成了，这就给了我安排第二天工作的时间。我5点15分去健身，这同样在计时器里。今年我的目标是全年健身 275 天，去年我健身天数为 273 天，前年为 274 天，连续两年均未达到目标天数，这让我多少有些苦恼。我决定今年不让这样的事情再发生。

6 点 15 分健身结束，那天我比往常结束得早一些，因为我要去参加朋友詹姆斯在冬季公园的生日聚会。因为我日程紧，我和普里西拉直接在生日聚会上见面。但无论如何我还是去健身了，这一直是我生活中的优先考虑的事情——要完成重要的事情，就得把它们写进计划。重点是：

把优先要做的事情写进计划。

哪些属于优先要做的事情不是重点，重点是要把它们写进计划，无论是工作方面还是生活方面，无一遗漏，全部写进去。

晚上9点钟，生日派对结束后我回到家，浏览了一下日历中第二天5月19日的计划，根据今天发生的事进行了微调。比如，我添加了一条，提醒自己给詹姆斯和朱迪送一张感谢卡片，感谢他们的盛情款待，并告诉他们普里西拉和我非常开心见到他们的孩子丹和玛丽。在晚宴上，我把计时器翻到周六，在上面加上了酒席上红酒的名字，口感不错，打算给自己也买一瓶。很多时候，计时器在使用时比想象的还要得心应手。

本周我加在"今日完成"清单上的事宜包括：

·给在伊拉克和阿富汗服役的士兵写明信片。

·与厂家联系，检查我的空调设备。家里的空调已经用了 12 年了，该换新的了。

·提交医疗费用报销单。

·计划访问奥兰多地区的公司，希望今年能促成和他们的某些合作。

·为丹尼尔买生日礼物。

·思考现行的组织架构，尝试改变我们的组织方式。

我刷完牙，用完牙线之后就上床睡觉了（牙线可以节省很多时间，因为它减少了你需要去看牙的次数）。当天我做的最后一件事就是和普里西拉说我爱你——当你用心说这三个字的时候，胜似千言万语。

我早上 5 点 10 分起床，充满活力地迎接 5 月 19 日的朝阳。

那天早上，我为普里西拉磨了咖啡，为自己做了花生酱和果冻三明治；洗漱完毕后，带上运动装就出门去星巴克了。5 点 50 分到达，一边翻看《纽约时报》或《华尔街日报》，一边吃了碗水果和坚果麦片，不加糖。6 点钟出星巴克，6 点 15 分到达办公室，离我起床只有 65 分钟。这些年来，我逐渐意识到，一个超级节省时间的方法就是住在离公司近的地方，即便是你不得不选择小房子也很值得，同时也避开了交通堵塞的可能。

早上 6 点 15 分，我坐在办公桌前，像往常一样，为当天做计划。我把 B-6、B-7 和 B-8 挪到了本周的

另外一天，头一天没有完成的一项挪到今天并提升到
B 级，即至关重要一类；有时我甚至会将工作从至关
重要提升到紧急，目的是引起自己的重视，尽快把这
项工作完成。

用学生举一例，当他 / 她的一项作业是六周内完
成一篇学期论文，那这个作业属于重要这一级别。但
如果学生一拖再拖，等到离交论文还有三天的时候，
这个作业就变成了紧急级别。

很多人做事混乱无章法，导致无法很好地履行自
身所担负的职责，最终把事情拖延成了紧急。我见过
很多才华横溢的人因为做事缺乏条理而无法发挥自身
的潜能。事实是，如果你一无所成，没人在乎你有多
聪明，正如有人曾经说过的，"只有被实现的想法才

算是好的想法"。

当你完成清单上的项目时，请在计时器中注明。在完成了一天的工作后，用下列符号记录工作的完成情况：

√代表完成；

/代表已经开始但尚未完成；

（）代表参见或参考；

→代表这项工作已被调整到另一天。

如下为一些补充性想法：

·我们常常没有时间去处理至关重要的事务，因为忙于应付紧急的事情而变得焦头烂额。而另一方面，紧急的事情之所以出现，是因为当它们还处于至关重要这一级别时，却没有引起我们的重视。这就变成了一个恶性循环，只有做到非常自律才能从这个泥淖中挣脱出来；否则，你只能终日忙忙碌碌，却最终无所作为。在迪士尼，这种由于拖延而导致的极度忙乱，最后为缺乏规划、组织条理及行动力而弥补买单的模式是坚决不被允许的。但很遗憾的是，这种模式在很多公司都存在，在有的公司甚至是常态。如果你发现自己已经陷入了长期忙乱但效率低下的循环中，你必须现在就破旧立新，培养基于主动性和组织性的好习惯。相信自己，你可以做到的。

· 如果公司中的每个人一年中都能为公司做一件至关重要的事，大家就会齐心合力给集体带来巨大的利润；如果在个人生活每一年中也为自己做一件至关重要的事，那么你的生活会变得非常轻松美好。

我每年都会试着列出一些至关重要的事务，它们要么会给我带来丰厚的回报，要么让我有突破创新。我会把这些事务写进计时器，它起着孵化器的功能：把理念变成现实只是个时间问题。至少当我完成了自己最引以为傲的事情时，我就是这么做，也是这么想的。

每年写下至关重要的事宜对我来说几乎成了游戏。如果哪年实在想不到，我相信普里西拉一定会为我贡献一个。说到优先处理的事项，我妻子最在行。我工作日中和她见面很少，所以我确保每个周末我们都共度时光，或一起去探望家人。和爱人及家人在一起的优先级远比打高尔夫球或其他活动要高得多。我相信你能明白为什么这是个很好的时间管理 / 生活管理实践。如果你周末真的一整天都想打高尔夫球的话，我的策略是一定要提前几天为爱人安排点特别的事情。如果你身边的人不幸福，你也无法享受平衡和谐的生活。

本章内容简单概括如下：

写下每天的工作及生活计划，安排生活中的优先级事项。

你会惊叹于你所能做到的：

不管你自己喜欢与否，以正确的方式做你必须要做的事！

在我的职业生涯中，我负责管理四万多人，我可以很负责任地说，除非你学着列出做事清单，合理规划时间，合理安排生活中的优先事项，按照轻重缓急解决问题，否则你只能在管理这个领域挣扎迷茫。

值得庆幸的是，我发现很多人已经着手学习执行这些新技能，并且开始茁壮成长，成果颇丰，在管理自己的生活方面做得越来越好。你也可以。这并不复杂，只是需要自律。从今天就开始，而不是未来某一天。

就是这样！接下来，我们将讨论如何实现不拖延以及许多与时间管理/生活管理有关的其他有趣的话题。你会有意想不到的收获！（见下一章的时间管理日历）

第五章

利用时间管理规则，
轻松化解拖延症

一年后的你会渴望自己是从今天开始行动的。

——凯伦·拉姆

（澳洲著名作家）

我小时候，妈妈跟我和哥哥说话的时候经常把"拖延"挂在嘴边。"能不能别拖延了，把你的房间收拾干净？""别拖延，快去做家庭作业"或者"你又在拖延，该修剪草坪了"。我知道拖延的字面意思，但并不真正理解它的含义。在我长大变成熟之前，我从来没有深究这个词究竟对我意味着什么。

　　我还记得我试图为自己辩解时的说辞，"我计划以后再做""我忘了""我会马上去做的"抑或是"我没有时间"。反正基本上和大家用的借口大同小异，毫无创意。那时候，我认为拖延是个人性格缺陷导致，没办法改变。

但是，1980 年我参加了一个时间管理课程后，对拖延这个问题有了新认识。我意识到，在工作中拖延既是职场杀手，又是梦想摧毁者。我了解到，如果一个人被领导或同事定义为拖延者的话，这基本意味着升迁无望了。再没有比这更令人沮丧的了，除了被叫作"骗子"或"小偷"之外，拖延者可能是职场中最糟糕的称谓了。从那以后，我开始用心做很多事情来积累好名声，希望成为领导和同事眼中一个积极主动、善于把握利用时间的人。

拖延症的 12 条克星

（1）合理安排生活中的优先事项，把它们写进日历，认真执行。

（2）每天在规划时间时列出待办事宜清单，并在清单的每项条目上标注优先级。

（3）在规划每天的时间时要兼顾长期目标，脚踏实地，从眼前做起，总有一日会梦想成真。

（4）把非常重要的事情放在办公桌的正前方，时时提醒自己抓紧完成。

（5）把大的项目分解成小的部分，循序渐进，一步步完成——如果遇到困难，请专业人士帮忙。

（6）在日历上预留出可灵活支配的时间，以备在最后一刻又出现新状况。不要把日程排得满满当当。

（7）每天把自己不喜欢的工作排在前面，不给自己拖延的机会。

（8）开发一个简单易行的管理系统，确保能够快速处理文件、信息，第一时间能找到想要的电话号码和地址。

（9）知道如何使用新技术节约时间，同时又卓有成效。大多数人并没有很好地利用现代科学技术所带来的福利。

（10）任何一项工作都要有截止日期，当你委托他人或从上司、配偶或合伙人那里接受任务时，也要就截止日期和他们达成一致。"6月5日下午5点"是截止日期；"尽快"和"以后再说"则不是。

（11）选择一天中最好的时段完成重要的工作。对于我和大多数商界领袖来说，理想的时间是早上——对我而言，是早上6点15分左右。

（12）如果手头上有项目，就要尽快启动，这样你才有足够的时间完成和完善。越早开始，结果往往就越理想。

（13）最重要的一条：学会信任他人，善于分工协作。在你不擅长的领域一定要请专家帮忙。

如何根除浪费时间的各种因素

在我们生活中有太多浪费时间的因素，因此我建议你早上在规划时间的时候认真考虑如下问题：

问自己如下问题：

哪些事情浪费了你的时间？

如何清除这些浪费时间的因素？

如何有效利用时间让你的生活 / 事业更富成果、更有价值？

那些造成时间浪费的因素中，哪些是自身造成的，哪些是外界因素造成的？

自身因素造成时间浪费的典型案例：

（1）早上睡过头，在开始新的一天前没有规划时间。据我常年观察，我们这个星球上几乎所有的成功人士早上起得都很早。

（2）缺乏自律，这是造成时间浪费的首要因素。

（3）承担的责任过多。你必须学会说不。

（4）不会分工，或分工不合理，没有给出明确的指令或截止日期。

（5）因为不专注或没有认真听而导致错过重要信息，心不在焉会造成极大的时间浪费。虽然你人在场，心思却在千里之外，普里西拉就经常对我说："李，你在听我说话吗？"很多次，我不得不向她道歉。

（6）对完成每项工作所花时间的估算不切实际。尽早开始的一个优势就在于，即使发生误判，你仍然可以从容、高质量地完成工作。

（7）对所有可能的困难准备不足，没有备案，更不知道如何从一开始防范问题的出现。

（8）住所离公司过远。

（9）对长期迟到的员工纵容甚至鼓励。

外界因素造成时间浪费的典型案例：

（1）没有一套完整的章程或纲领。

（2）因组织混乱而导致会议冗长乏味。

（3）缺乏权威。

（4）缺乏对自身表现的反思。

（5）对工作认知不清晰。

（6）交际沟通能力差。

（7）被动地等待别人的指令。

（8）问题界定不明确。

（9）人手不足。

（10）人浮于事。

（11）工作重心的调整。

列出导致时间浪费的5到10个原因，如果你专注于解决这些问题，你能做些什么呢？一旦心中有了答案，就马上付诸行动。大声告诉自己：不要再拖延了！到底是能很好地掌控生活，还是被生活压垮，决定权全在你！

我在迪士尼的时候看到很多人拖延，其中一个例子是"明日计划"培训。除非演员们主动安排时间，并提前着手，否则这种事情很容易被拖延。我们团队大约 92% 的人按时完成了训练，但我敢打赌，很多人是匆忙赶工，在最后一分钟完成的。那些没有如期完成的人，8% 对你来说可能是个很小的比例，但对我来说意味着大约有 800～1000 人的工作拖了几个月才完成。

纳税是大多数人拖延的另一件事。1月1日，"纳

税"是重要的一项事务;而到了 4 月 14 日,它就变

成了紧急事项!同理,节日大采购也别拖到节日的前

一天。

一般情况下,无须深入研究他们的个人档案,我

就能判断出,前面提到的"明日计划"培训中没有按

时完工的职员,他们95% 的概率不可能在迪士尼待

太久,更不可能晋升到领导层,因为他们拖延,而且

还在找借口。无论在商界还是在日常生活中,我们的

声誉是建立在我们所做的事情上,而不是我们打算做

的事情上。你可以选择成为别人眼中积极主动和值得

信任的人,抑或是一个拖延者,甚至是一个不可靠的

拖延者。

如何让自己成为一个更好的人

好了，现在我们已经清楚拖延究竟意味着什么了，同时也或多或少地了解到如何消除生活中浪费时间的因素，让我们继续谈谈如何让自己成为一个更好的人，无论是作为一个领导、一位家长、一个伴侣、一个社区领袖或其他任何你愿意扮演的角色。

如果你不知道什么之于你很重要，你就很难专注于一件事全力实现自己的目标，所以你需要花些时间列出自己最看重的东西。下面是我 35 年前的清单，作为一个示例。

当时我的清单如下：

（1）保持健康。

（2）尊重别人，获得尊重。

（3）成为一个优秀的领导者。

（4）取得骄人的成绩。

（5）和家人保持强烈的感情纽带。

（6）保证个人财物安全。

下面是我所了解的其他人最看重的一些特质：

（1）谦逊有礼（尊重别人并善于表达）。

（2）成为一个真实坦诚的人（勇于讲实话，承认错误）。

（3）博学多知（多读书）。

（4）自信自尊。

（5）做事有条不紊（参加时间管理课程）。

（6）获得别人的信任（花时间去了解别人，帮助别人）。

（7）提高自己的口才（临时抱佛脚不算）。

一旦你花时间去弄清楚你想改进什么或者想要实现什么，你就可以使用你的日程表和其他可用的资源来着手做那些事情。只要你有让自己变好的想法，生活的某些方面一定会越来越好，同时也需要努力付出以及获得别人的帮助。只要你有这方面的意愿就算成功了一半。

有的人工作、生活止步不前，其主要原因在于他们对自己不够诚恳。他们缺乏看到自己的缺点和不足的能力。如果你是当局者迷，至少让身边的人指出来并帮你改正。没有自我反思，任何教育或培训都是不完整的。作为将近四万名员工的领导，我必须非常清楚自己的缺点，并第一时间改进。

行动起来就是告别拖延症

看看自己最近一次员工满意度调查，或者其他类似的考评模式。如果你公司现在还未施行这种评价体系的话，我强烈建议你进行每年一度的类似调查，了解团队成员在想什么，希望在哪些方面有所改进提升。如果你是一个领导者，你应该特别想知道员工对你的领导方式的最大关切是什么，体会他们字里行间所传递的信息，也要密切关注家人和朋友的评论、肢体语言和面部表情。如果你认真找问题，就一定能发现问题。

一旦发现这些问题，就要着手修复解决。对大多数人而言，只要做到用心，就很少有实现不了的。一旦他们解决了问题，对未来自然就会有美好的希冀憧憬。普里西拉给了一些关于我缺点的反馈，比如我的驾车方式、我需要学习如何真诚地说"对不起"，以及我要变得更善于聆听。上述建议我都认同，并已经做了很多改进，我很感激她帮助我成为一个更好的人。她现在仍指指点点，我希望她将来同样能获得成功。

事实上，大多数人压根就不想过美好的生活。为什么？因为他们生活得还不错，一切还能说得过去，所以他们满足于现状。但如果能实现美好，为什么要满足平庸？想想看，如果迪士尼乐园满足于平庸，领导层仅仅满足于还不错的话，我们会有《白雪公主》

《小鹿斑比》《冰雪奇缘》或《狮子王》吗？

我们都曾为不思进取而自责内疚过，但我们拒绝冒险或尝试新事物，因为人类对失败有一种本能的恐惧，成功人士也不例外，但区别在于：他们在对风险进行合理估算后，一往无前，不惧风险。一味追求四平八稳就永远无法实现卓越。我从不满足于工作处于还不错的状态，我事业取得了很大的成功，就在于在奋斗的路上我敢于冒险。

明确目标才会产生巨大动力

设定目标有时会让你感觉很不舒服，但是如果没有目标，你就不清楚自己能否实现目标、何时实现目标。目标可以激励你前行。通常，当你告诉别人你的目标是什么，他们会向你施以援手！

实现目标最重要的步骤之一就是把它们写下来。这一步至关重要，因为当你把目标写下来时，它们就变得清晰了。

写下来可以把无形的思想变成具体的文字，可以帮助我们把想象变成现实。

下面是设定目标的一些小贴士：

· 目标要明确具体。

· 用可度量的方式设定目标。如果太过虚无缥缈，那它就不是一个真正的目标。

·确保你的目标是你真正想要的，而不是别人施加给你的。妈妈想让我做牙医，这不是我的目标，我对这个不感兴趣。

下面这些目标是很好的范例：

（1）到 12 月 1 日减掉 30 磅的体重；

（2）从 5 月 1 日开始，每天健身 90 分钟，每周 5 天；

（3）到 9 月 30 日为止，把开销减少 10%；

（4）每月拿出四个小时和每个孩子独处；

（5）每月一次和妻子去餐馆共进晚餐；

（6）在 6 月 15 日之前完成体检。

生活的方方面面都可以列计划：

·职业规划；

· 为未来进行财务规划；

· 关注健康，包括运动、节食、控制体重、睡眠；

· 重视文化知识及自身素养的提高；

· 学习使用新技术；

……

一旦你设定了目标，要善于去寻求帮助。问自己一个大多数人想不到的重大问题：我准备好为实现这个目标付出努力，甚至代价了吗？这是个马拉松式的目标实现之旅吗？嗯，你要做好大量付出的准备。我的朋友迪特·汉宁的目标是攀登珠峰，要实现这一目标，需要有巨大的体力和财力做后盾，对于这点迪特非常清楚。有成为领导者的梦想吗？但你有没有想过领导者们所付出的代价呢？大量的时间付出、所承受的巨大压力以及日复一日所做出的艰难的决定。因此，当你设定一个目标时，一定要考虑对付出与收益比率进行现实有效的评估。

可以阅读我之前两本书，《创造魔术》和《客户法则》，里面有关于设定目标的内容，以激发你的灵感。读完之后，你就会发现里面有很多实用的方法，可以运用到你的事业或生活上，最好是两者兼有。我还有两本书即将出版：《职业发展魔术》讲述如何让事业处于正轨；《你打算什么时候开始？》所要讲述的信息正是标题所要表达的。

好啦，我现在得走了。日程表提示我得去开会了。祝你度过美好的一天，好好想想自己的生活！

CHAPTER 6

第六章

你败就败在不够专心上

集中精力与合理利用时间的能力会让一个人在商界
或其他任何领域无往不胜。

———李·艾柯卡

（美国商业偶像第一人，曾担任过福特汽车公司总裁）

现在，关于时间管理，我们再讲一些你可能之前没有想到的其他注意事项。无论做什么事，心不在焉是导致时间浪费的一个重要因素。心不在焉可以被定义为不关注，而当你不关注身边的相关事务时，你就会漏下一些本应该去处理的事宜。当你因为想别的事情而没有集中注意力时，时间就被浪费了，因为别人不得不向你解释第二遍；或者更糟糕的是，你会因为没有认真听而铸成大错。

举个很好的例子来说明我的意思，试着和正在看电视的人交谈，尤其是小孩子。在他们看电视的时候让他们打扫房间，或做类似的事情。你会发现他们对这些指令充耳不闻，甚至一个字都听不进去，眼睛也离不开电视。至少，小孩的心思很好猜，你能看出来他们没有听；但大人们就很善于伪装了。

丈夫们都有个臭名昭著的共性：当妻子说话时，他们的目光都粘在电视上，对妻子的话充耳不闻。至少普里西拉就是这么说我的！我试着向她解释，告诉她那不是我的错，男性基因就是这样被编程的。这种说辞她不接受，但这是我唯一能做出的合理解释。所以，男同胞们，当听到有人说"你有在听我说话吗？"，不要认为这只是个问题，这实际上是一个声明、一个警告。仅仅一句"是的，亲爱的，我在听啊"是远远不够的，正确的做法是先关掉电视一分钟，保证交流顺畅。

心不在焉一定会导致误解，有时后果会很严重，比如，驾驶时，你后面的司机不注意安全条例，边打电话边开车，你有可能会被追尾。

你是否有过这样的经历：在某次会议上，有人问你，"这件事情你的看法是什么？"你不得不很尴尬地说，"哪件事情？我刚才没听到，你能再重复一遍吗？"当然，你没听到这个问题并不是你觉得它不重要，而是你走神了，你满脑子想着下一次会议或在沙滩上晒日光浴的事。

与以往任何时期相比，人们变得很容易分心。开会时，他们更热衷于看手机或平板电脑，而不是关注别人都在说些什么。在工作中，不管处于何种职务，关注他人是一项重要的责任。如果你是领导，从办公桌后面走出来，倾听下属的意见。记住：他们所说的和他们真正所想的是截然不同的两码事。

在生活的各个方面，你有义务集中精力，挖掘真相，然后做出正确的决定。关注那些对你很特别的人、你的孩子、你的上司、你的下属、你的朋友、亲戚和其他所有人。他们会因此而感激你，你做事也会更加有效和高效。此外，人们会同样关注你，你的声誉随之会提高。

改掉心不在焉的方法

· 当有人交代某件事情时，做笔记，这有助于保持专注。

· 与人交谈时保持合适的身体距离可以有助于你关注那个人，倾听他 / 她在说什么。我一直认为最好的距离是我和谈话人并肩而坐，而不是相向而坐，中间隔着一张办公桌。当你们之间没有任何障碍物时，就更有机会进行流畅、专注、无障碍的交流。

· 别人和你说话时，千万不要悄悄地读电子邮件和短信，也不要打电话。

· 开会时，坐在老板旁边或前排。这有助于你保持专注，不会掉入梦乡。

·如果你想成为一个好的沟通者，一次只关注于一件事，节省时间，做有意义的工作。

·通过适当的饮食、合理的锻炼、充足的睡眠以及像佛罗里达这样的温暖气候，大量饮水，保持良好的身体状况。只有身体健康，你才会心情愉快；而只有心情愉快，你才能够集中注意力而不会因为缺乏睡眠或饮食不良而萎靡不振。压力会削弱一个人的专注力，而身体健康则有助于控制缓解压力，同时，保持精力充沛本身就可以节约时间。当然，计时器可以帮你管理日程，比如安排锻炼，保障充足的睡眠，记录饮食，让你了解不同食物对身体和思想的影响。（在点菜或吃饭之前，我会用手机查食物中的卡路里含量。）

专注不仅节约时间更让效率更高

·一种能为你和其他人节省时间的方法是：在组织会议时要非常负责。提前一天做好规划，确保会议准时开始，高效运行，准时结束，或者如果可能的话，提前结束。比提前结束会议更让人高兴的莫过于会议取消了。在商业界，会议通常被认为是浪费时间。你可以扭转这种认知，让人们很期待开会，认为花在这些会议上的时间非常值得。

·会议必须要有主题和议程，否则，其效率就会直线下降。开会的目标必须是能实实在在地帮助员工更好地完成工作。

·会议有两种，应该分开举行。一种是提供信息，另一种是解决问题。在提供信息的会议上，你要解决某个特定问题的想法是不现实的，因为所有的与会人员都与这个问题毫无关系。你会大失所望，同时也在浪费他们的时间，他们会想，"我到底为什么会坐在这里，讨论的问题和我有什么关系呢？"如果想解决某个具体问题，单独召开一次会议，只召集与解决该问题相关的人参加。

· 还有一个节省时间的小窍门：控制开会和打电话的时间，要抓住重点，直奔主题。当会议变得有点拖沓时，总结并落实每个与会者的职责后，问他们是否还有什么不明白的，如果都说"不"的话，站起来示意会议结束了。有效地压缩会议和打电话时间为我几十年的职业生涯节省了数千个小时。

·会议结束后，一定要在每日规划的"日记"部分写下你想做和必须做的职责，第二天做时间规划时再做进一步处理。

·还有一件事要考虑：也许一开始你就不需要开会。要提前问清楚对方为什么要见你，你可能不是解决某个问题的最佳人选，即便你是，电话或电子邮件是解决他们关切的一种有效方式。面对面的交流非常重要，但很多时候是没有必要的，不要因为别人要求见你而和他们见面。

你必须掌握的节约时间小妙招

如下是其他节省时间的方式：

| 你打算什么时候开始？

·把所有必需的物品放在触手可及的地方，如果手边没有工作所需的材料、物资和资源，你会把大量时间浪费在寻找上。不时地盘点重要物品，以确保它们触手可及。找一些简单的东西，如剪刀或电话号码都可能浪费你很多时间。

·让专家帮助你做决定。通常，这些专家处于一线位置，没有谁比每周接待数百名客人的前台工作人员更了解度假村的登记手续。当我在公司的一家酒店办理入住手续出现问题时，我就去找前台。所以，不时地问问你自己：

我做的哪些事情不需要我自己或下属去做呢？

我做的哪些事情可以培训别人去做呢？

我做的哪些事情可以花钱请别人去做，给自己腾出更多时间去做更重要的事情？

·营造一个氛围，让人们能够畅所欲言，自由地表达他们的想法，每个人都对自己的工作开心，因为他们得到了尊重、倾听和真正的重视。如果你尊重、欣赏和看重每一个人，你将会节省比预想的多得多的时间，你的团队也会做得更好，而且很多问题从一开始就不会出现。当人们信任你，而你又谦虚、真诚、热情、合作、有爱心，你节省的时间不能用时钟来衡量。你可能认为听一线员工讲话是浪费时间，但我向你保证，事实恰恰相反。因为我愿意花时间去倾听，因此我在迪士尼工作中节省的时间多到你难以想象。

·把自己想象成一个环境主义者。通过自身的领导力、为人处世、言行举止改善自己的工作环境。同时，也为员工提供一个好的环境，使他们能够发挥潜能，甚至超越自我。营造一种氛围、一种企业文化，公司中的每一位成员都被看重，他们知道自己很重要。这样，你就能从优秀走向伟大，从伟大走向更伟大。

·每天感谢你的团队、家人和朋友。通过赞美和回馈他们，无论是用物质奖励还是亲切、尊重、亲密的话语，让他们知道自己很了不起。正如老话所说的，"人们记不得你说了什么，但他们会永远记得你带给他们的感受。"说话做事要谨慎，因为你周围的人会通过你的言行举止观察和评价你。

最后，记住你是最能控制自己生活的人。

这是你的时间，这是你的生活！

CHAPTER 7

第七章

终极思考：你打算什么时候开始？

一旦你掌握了时间，你就会明白它有多真实，大多数人高估了他们在一年内所能取得的成果，却也低估了他们在十年内所能取得的成就。

——路易斯·E.布恩

（美国著名营销大师）

我希望你已经学会了关于管理事业和生活一些好的想法和技巧。我可以很诚恳地告诉你，如果没有高度专注的精神和领导层对时间管理的高度重视，迪士尼乐园、希尔顿酒店或万豪国际宏大的目标和梦想就不会实现。我还可以告诉你，如果你对自己负责，愿意成为最高效和最有效的时间和生活管理者，几乎没有任何事情是你做不到的。

现在，我将和你们分享我对这个问题的终极思考，并就如何开始给你们一些建议。我确信的一点是：对于那些你很笃定并立志实现的新的想法，你要马上开始行动，越早开始，越能受益于这些新的技能和习惯。

所以，如果你手头上还没有计时器或类似产品的话，请马上订购一台。当然，你也可以试着用智能手机来完成类似的操作。我现在用的是"每日两页"，产品号为 98010。登录 www.daytimer.com，网上购买，支持信用卡支付，付款成功后，产品会很快送货上门，这样你就一切准备就绪，可以开始了。另一个品牌——富兰克林规划也很不错，该公司网站为 www.franklinplanner.com，他们在全国各大城市也会组织关于时间管理的研讨会。

充分利用好计时器

我用的计时器是塑料封皮。以后，如果你和我一样喜欢这个产品，也可以订购一个真皮的。价格很贵，但是如果你留下足够暗示的话，也许有人会作为生日礼物送你一个。

如果你真的想成功地实现时间管理，你就必须用一个计时器，这一点真的是怎么强调都不为过。计时器或是智能手机可以用来做很多事情，比如：

· 记住一些特别的事情、生日、周年纪念，等等；

· 记住给别人一些积极的反馈和认可；

· 记住要回报别人；

·别人帮助了你，记住要感恩，哪怕简单地说声谢谢你；

·改善与别人的沟通方式；

·规划生活中的所有事宜……所有事宜！

这个清单是开放式的，没有尽头。

我还建议你买一支三色笔，有红墨水、黑墨水、铅笔芯，还带有一块橡皮。我把这支钢笔叫作魔杖，当我用它写列表、做计划时，魔力就开始了。这支笔在你一天的工作中非常有用，比如有时你需要用铅笔记录预约和安排，因为计划可能会有变化，用橡皮可以轻松实现擦除修改。另外，我用红墨水在完成任务时核对一下，用黑墨水或蓝墨水写笔记和信件，签署文件等。

克罗斯公司卖这种笔，你可以在欧迪办公这样的地方买到，墨水用完可以再续。我向你保证，看到你的规划上满是红色的勾号是世界上最美妙的感觉之一。

碎片化时间极致利用方法

用规划产品确实可以改变生活，但是还有很多其他更有效实现时间管理的方法。

下面是我所了解的一些方法：

· 提高你的沟通技巧，当你向别人给出指示或委派任务时，你需要非常清楚地表达自己的意思。为了确保准确无误,重要的内容让他们再重复一遍。

· 仔细倾听,做笔记,这有助于你理解对方的意思。

· 不懂的地方多发问,确保自己完全了解对方的意图,要实现与对方的良好沟通,自己需承担 100% 的责任。

· 确保每天花 5 到 30 分钟来做规划,这是一个关键。我目睹了世界上最成功的公司里一些最成功的领导者,要是他们不专门拿出时间计划每一天,几乎不可能取得如此成就。

· 每天想想你应该做的事,哪怕这些事几个月甚至几年都不会给你带来回报。

· 确保你花时间专注于重要的任务,这会给你的客户、员工、职业发展和个人生活带来最大的回报。这些也许不容易,但是你需要开始做,如果你遇到身体或精神障碍,不要忘记寻求帮助。

· 找出浪费时间的要素并消除它们。

· 学会高效地组织会议，会议要有主题和议程，要准时结束会议。

· 在计时器或手机中记录你的个人目标，努力实现目标。

· 当你指派某项工作，不管多么简单，在计时器里及时追踪跟进它的进展以确保顺利完成，这会树立你做事条理有序、有执行力的声誉。

· 你许下的新年愿望，也要写进计时器，认真规划，及时跟进，做到这些，你的愿望就一定能实现。其实，不必等到新年才下定决心，现在就着手做一些能让你、你的爱人或者你所在的组织变得更好的事情。

| 你打算什么时候开始？

· 当你每天早上列清单时，想想你的领导希望你完成的事情。

· 确定那些能给你的事业或个人生活带来丰厚回报的事情。

· 早点开始工作，这样你就有足够的时间休息，并且仍然能按时完成任务。

· 想想哪些任务完成后会让你的老板或家人感觉特别好，然后把它们写进你的规划中。

· 寻找那些需要今天就要处理的事项，因为它们与公司经营方针、政策、法律法规、个人品行及价值观息息相关。

· 有空就常翻翻这本书，时时提醒自己还有哪些事情没有做。

管理好时间，你的人生才能无憾

世间最令人痛苦的莫过于：在自己日渐老去后回首往事时，心中有太多遗憾。希望我当初能多花点时间陪儿子；希望我能跟我女儿聊聊大自然中的那些鸟儿和蜜蜂；希望我能戒烟；希望我能注意饮食和体重，多运动；希望我回学校深造；希望我告诉她我有多么地爱她。我希望，我希望，我希望，我祈祷，我祈祷，我祈祷……你到底想要多少遗憾？如果你不能有效地计划和利用时间，你会有多少遗憾？

如果你在 20 世纪 80 年代曾经在电视上看过某一档电视节目，记得他们每一集里都说的经典台词是："我喜欢计划。"在迪士尼和其他非常成功的公司，人们计划周密，并密切关注细节。如果你注意细节，就不会有遗憾发生。这里有一些小贴士：

记住，只有两种决策：**可逆的和不可逆的**。可逆决策相较于不可逆决策可更快地被实现。在做决定之前，一定要明白这两者的差别。

每天早上仔细检查计时器上头一天的记录，确保没有遗漏任何尚未完成的事项。

想想你想做和需要做的事情，然后用计时器和所有你能够支配的资源来实现它们。比如，当我在写本章节的时候，我在计时器上做了记录，把我的联邦税务文件整理好，并于4月1日寄给我的税务会计。如果我没有在计划表中安排它，我可能会忘记寄文件。但是，因为我计划了那个细节，任务就顺利完成并得到了有效处理！否则，税务部门不会原谅你，他们会对你罚款！

再举一个例子：我写了张纸条，给我的孙子和孙女们买复活节礼物来装满他们的篮子。玛戈特喜欢芭比创可贴，特里斯坦非常喜欢安抚奶嘴，朱莉安很兴奋能玩字谜游戏，同时他们都希望得到糖果，这些东西很特别。我还在他们的塑料蛋里放了欠条。他们超爱，特别是其中一张欠条是去苹果专卖店买东西。

我记录的清单里还有在夏天到来之前检查一下空调，其实有无数的事情你都可以写进计划并随时跟进。

最后，再分享一些个人感悟：

· 不要只想着你愿意做什么，不愿意做什么。想想你在生活的各个方面所需承担的责任。

·想想你现在必须做什么，以确保你不仅能取得成功，而且能茁壮成长。

永远不要低估自己和他人的能力。记住：如果你不做计划，你的生活就没有计划。

今天就开始。是的，就今天！祝你好运！管理好你的时间和生活！我希望你所有的梦想都成真！

最后，记住迪士尼公司出品的《彼得·潘》中彼得·潘在《右边第二颗星星》中所说的话：

有规划的梦想一定会实现。

李·科克雷尔的资源

伟大的领导者每天都在寻找更好的方法！！！

登录 www.LeeCockerell.com 获取关于领导力、管理和优质服务的额外资源，包括我的"领导力与培训"的手机APP、博客上关于领导力的课程和我的书：《创造魔法》《客户法则：提供一流服务的39条基本规则》以及这本《你打算什么时候开始？》。

有大量的信息可以帮助你提高领导能力。每天学习和了解关于领导和管理的知识。关于这门学科你思考得越多，你就拥有越多的资源来解决生活中遇到的困难。

想要和我、NBA 名人堂篮球运动员大卫·罗宾逊和无数百万富翁继续学习强大、有吸引力的时间管理的知识，请登录 www.Thrive15.com，每天都有成功故事和案例可以分享。

登录 Thrive15.com 时，输入宣传码 MAGIC 后可以获得 30 天的免费视听课程，这是为商务人士创建的有史以来最吸引人的在线课堂。记住，退伍军人会获得免费的会员资格。

请登录 Lee@LeeCockerell.com 与李·科克雷尔联系，获取关于领导力、管理和世界级优质客户服务的主题演讲、咨询、行政指导和研讨会。电话：407-908-2118。

关于作者——李·科克雷尔

李·科克雷尔是迪士尼度假村前执行副总裁。作为10年的高级运营主管，李带领一个由4万名员工组成的团队，负责20家度假酒店、4个主题公园、2个水上公园、1个购物和娱乐村以及体育和娱乐新闻网的运营管理。

李最重要和持久的成就是创建了名为"迪士尼伟大领袖战略"的培训计划，培养了7000名迪士尼中层领导。李在餐饮及娱乐方面有丰富的领导经验，在加入迪士尼之前，曾在希尔顿酒店任职 8 年，在万豪国际酒店任职 17 年，后来于 1990 年进入迪士尼工作，创建了巴黎迪士尼乐园项目。

李曾担任佛罗里达联合爱心基金会主席、美国烹饪学院董事会成员、生产与运营管理协会会员以及一家加拿大爬行动物保护组织的一员。2005 年，布什州长任命李为佛罗里达州的州长志愿服务与公共服务委员会主席。

他现在正致力于公共演讲，撰写关于领导力、管理和卓越服务的书。《创造魔法》这本书已经被翻译成 13 种语言，除此以外，他之前还著有《客户法则：提供一流服务的 39 条基本规则》一书。

李还为世界各地的组织以及迪士尼学院举办了关于卓越的领导力和服务的讲习班，并提供咨询。

李获得以下奖项：

·食品服务及运营协会（MUFSO）颁发的杰出领导和业务表现金链奖。

·国际食品服务制造商协会（IFMA）颁发的餐饮业杰出经营者银盘奖。

·生产运营管理和领导力协会（POMS）颁发的优秀奖。

·被三个孙辈朱莉安、玛戈特和特里斯坦评为年度最佳祖父。

李和他的妻子普里西拉住在佛罗里达州的奥兰多。

© 民主与建设出版社，2021

图书在版编目（CIP）数据

你打算什么时候开始？ / (美) 李·科克雷尔著；
王青译. -- 北京：民主与建设出版社，2020.5
书名原文：TIME MANAGEMENT MAGIC：How To Get
More Done Every Day and Move from Sruviving To
Thriving
ISBN 978-7-5139-3011-6

Ⅰ.①你… Ⅱ.①李…②王… Ⅲ.①时间 – 管理 –
通俗读物 Ⅳ.① C935-49

中国版本图书馆 CIP 数据核字 (2020) 第 063301 号

Published by agreement with the author,c/o the Chinese Connection Agency , a division
of The Yao Enterprises,LLC.
Copyright © 2014 by lee Cockerell.

著作权合同登记号 图字：01-2020-2235

你打算什么时候开始？
NI DASUAN SHENME SHIHOU KAISHI

著　　者	［美］李·科克雷尔
译　　者	王　青
责任编辑	程　旭
封面设计	末末美书
出版发行	民主与建设出版社有限责任公司
电　　话	（010）59417747　59419778
社　　址	北京市海淀区西三环中路 10 号望海楼 E 座 7 层
邮　　编	100142
印　　刷	唐山富达印务有限公司
版　　次	2021 年 4 月第 1 版
印　　次	2021 年 4 月第 1 次印刷
开　　本	880 毫米 ×1230 毫米　1/32
印　　张	6.5
字　　数	65 千字
书　　号	ISBN　978-7-5139-3011-6
定　　价	48.00 元

注：如有印、装质量问题，请与出版社联系。